Nicole Andersch

Die Kunst, unsere Kinder spirituell zu begleiten

"Die Geschichte der Menschheit wie des Einzelnen beginnt mit einem Traum."

(Wilhelm Raabe)

Für Luca und Niclas

Nicole Andersch

Die Kunst unsere Kinder spirituell zu begleiten

Glückliche Kinderseelen
dank ganzheitlicher Erziehung

SILBERSCHNUR VERLAG

ISBN: 978-3-89845-480-3

1. Auflage 2015
2. Auflage 2024

Gestaltung & Satz: XPresentation, Güllesheim
Umschlaggestaltung: XPresentation, Güllesheim; unter Verwendung eines Motivs von
© Olga Drozdova, www.fotolia.de
Druck: CPI Books GmbH

Verlag »Die Silberschnur« GmbH · Steinstraße 1 · D-56593 Güllesheim
www.silberschnur.de · E-Mail: info@silberschnur.de

Inhalt

"Eure Kinder sind nicht eure Kinder.
Sie sind die Söhne und die Töchter der Sehnsucht
des Lebens nach sich selbst.
Sie kommen durch euch, doch nicht aus euch,
Und sind sie auch bei euch, gehören sie euch doch nicht.
Ihr dürft ihnen eure Liebe geben, doch nicht eure Gedanken,
Denn sie haben ihre eigenen Gedanken.
Ihren Körpern dürft ihr eine Wohnstatt bereiten,
doch nicht ihren Seelen,
Denn ihre Seelen wohnen im Haus der Zukunft,
und das bleibt euch verschlossen, selbst in euren Träumen.
Ihr dürft danach streben, ihnen ähnlich zu werden,
doch versucht nicht, sie euch ähnlich zu machen.
Denn das Leben schreitet nicht zurück,
noch verweilt es beim Gestern.
Ihr seid die Bogen, von denen eure Kinder
als lebendige Pfeile abgeschnellt werden.
Der Schütze sieht die Zielscheibe auf dem Pfad
des Unendlichen, und Er beugt euch mit Macht,
damit Seine Pfeile umso geschwinder und weiter fliegen.
Freut euch der Beugung,
die euch die Hand des Bogenschützen aufzwingt;
Denn so wie Er den flüchtigen Pfeil liebt,
liebt Er auch den verharrenden Bogen."

(Aus: Khalil Gibran: Der Prophet.
Aus dem Englischen von Giovanni und Ditte Bandini.

Erziehung früher und heute

Wie eine gute Erziehung aussieht, war zu allen Zeiten eine grundlegende Frage. Doch die Antwort darauf, wie man am besten mit Kindern umgeht, hat sich im Lauf der Jahrzehnte immer wieder verändert. Noch vor 50 Jahren standen Disziplin, Zucht und Gehorsam an oberster Stelle. Kinder mussten folgsam sein und hatten ihr Verhalten den Erwachsenen anzupassen. Erklärungen gab es nicht. Die Eltern gaben die Richtung vor, die Kinder mussten gehorchen. Widerworte wurden nicht geduldet. Schläge standen auf der Tagesordnung und waren ein gängiges Erziehungsmittel. Jeder aufkeimende Wille wurde sofort im Keim erstickt, so dass Selbstbewusstsein und ein Gefühl für den eigenen Wert gar nicht erst entstehen konnten. Kinder wurden nebenher groß und blieben häufig sich selbst überlassen. Kaum jemand hatte Zeit, um auf ihre Bedürfnisse einzugehen, und niemand interessierte sich für ihre Gefühle. Begabungen wurden nicht gesehen, Talente nicht gefördert. Stattdessen mussten viele von ihnen schwer arbeiten und ihre Eltern - die oftmals mit existenziellen Nöten zu kämpfen hatten - dabei unterstützen, den Lebensunterhalt für die Familie zu sichern.

Heute haben Kinder glücklicherweise eine wesentlich höhere Bedeutung. Sie sind nicht mehr nur Anhängsel der Eltern, billige Arbeitskräfte oder eine Altersvorsorge. Für viele Eltern bedeuten sie Sinn, Erfüllung und Freude, und deshalb kümmern sich die meisten auch liebevoll um ihre Kinder. Sie wollen, dass es ihnen gut geht, und versuchen, sie nach bestem Wissen und Gewissen zu erziehen. Doch in einer Leistungsgesellschaft, in der Wettbewerbsdenken und Gewinnmaximierung im Vordergrund stehen, wird den Gefühlen und dem Seelenleben der Kinder nach wie vor zu wenig Beachtung geschenkt. Die Herzensbildung bleibt auf der Strecke, während die kognitiven Fähigkeiten und das Anhäufen von Wissen einen weitaus höheren Stellenwert einnehmen. Die Kinder sollen immer früher und immer schneller lernen und werden von klein auf auf Leistung getrimmt. Aus Angst vor Benachteiligung und aus lauter Sorge, sie könnten in dieser leistungsorientierten Gesellschaft nicht bestehen, haben viele von ihnen bereits im Vorschulalter einen vollen Terminkalender. Mit den unterschiedlichsten Fördermaßnahmen glauben wir, den Kindern einen Leistungsvorsprung sowie später die besten beruflichen Chancen sichern zu können. Wir versuchen, sie damit auf eine Zukunft vorzubereiten, die nicht mehr unsere sein wird, während uns das Wichtigste entgeht: die Gegenwart - das Hier und Jetzt - wo unsere Kinder lachen, spielen, einfach Kind sein dürfen.

"Kindheit ist das, was uns zu Menschen macht."
(Alison Gopnik)

Kosmische Erziehung – eine Begleitung für die Seele

Was ist kosmische Erziehung?

Die kosmische Erziehung ist eine ganzheitliche Erziehung, die neben der Berücksichtigung von Körper und Geist vor allem das Seelenleben und die Gefühle von Kindern in den Vordergrund stellt. Es ist eine Erziehung für die Seele, in der es nicht darum geht, die neue Generation an die aktuell vorherrschenden Sozialisationsbedingungen anzupassen, sondern darum, einen jungen Menschen seinem Wesen entsprechend auf seinem eigenen Entwicklungsweg zu begleiten und die Voraussetzungen dafür zu schaffen, dass er ein sinnerfülltes und glückliches Leben führen kann. Die Seele ist das, was den Menschen ausmacht. Sie ist das Lichtwesen des Kosmos, der göttliche Funke, den jeder von uns in sich trägt, das Höhere Selbst - immer in Verbindung mit der großen universellen Macht -, das unser Leben aus einer übergeordneten Perspektive betrachtet und immer weiß, was gut für uns ist. Die Seele führt uns auf sicherem Weg durchs Leben und sorgt dafür, dass wir stets das Richtige tun und zur gegebenen Zeit am rechten Ort sind.

Der Himmel hat einen Plan

Das Leben ist kein Zufall. Jede Seele kommt mit einem tief im Inneren verankerten Beweggrund für das Leben auf die Welt, und ihr Ziel ist es, sich selbst zu erkennen und zu verwirklichen. Jedes Lebewesen auf dieser Erde hat seine Bestimmung und verfügt genau über die Eigenschaften und Fähigkeiten, die es zur Erfüllung seiner Lebensaufgabe braucht. Was ein Kind von klein auf gut beherrscht und was es gerne tut, kann bereits in jungen Jahren einen Hinweis auf seine spätere Berufung geben. Und Kinder - wenn man sie nur lässt - wissen, wohin ihr Herz sie zieht und wohin ihre Reise geht.

"Wenn ein Kind geboren wird, bringt es ein unsichtbares Brieflein mit auf die Erde. In diesem Brief steht seine Lebensaufgabe. Die Erziehungskunst besteht darin, diesen unsichtbaren Brief zu entziffern."
(Rudolf Steiner)

Wir als Eltern dürfen die Begleiter unserer Kinder auf ihrer Reise durchs Leben sein, und es ist unsere Aufgabe, die individuellen Besonderheiten zu erkennen, die ihre Seele in dieses Leben mitgebracht hat, und sie dabei zu unterstützen, sich gemäß ihrer inneren Natur zu entfalten.

"Das Anerkennen des anderen Menschen erfordert ein sensibles Bewusstsein dafür, das einzelne Kind so zu sehen, wie es ist, und nicht, es auf ein Bild festzulegen, das wir von ihm haben."
(Armin Krenz)

Unsere Kinder gehören uns nicht

Viele Eltern haben ganz bestimmte Vorstellungen von ihren Kindern - wie sie sein sollten, was sie können sollten und was einmal aus ihnen werden sollte - und versuchen daraufhin, sie ihren Wünschen entsprechend zu formen und ihnen die Richtung vorzugeben. Sie wollen ihre eigene Geschichte auf das vermeintlich unbeschriebene Blatt schreiben, in der Annahme, dass sie am besten wissen, was gut für ihre Kinder ist. Aber nicht immer ist das, was Eltern für das Beste halten, auch das Richtige.

Mulla Nasrudin und der Adler im Taubenschlag

Mulla Nasrudin war schon älter, und seine Augen waren nicht mehr die besten. Seine ganze Freude waren seine Tauben, deren Pflege er sich tagtäglich ausführlich und liebevoll widmete. Eines Tages nun geschah es, dass ein Adlerjunges in den Taubenschlag geriet. Als Mulla Nasrudin sich wie gewohnt dem Taubenschlag näherte, konnte er seinen kurzsichtigen Augen kaum glauben, in welchem Zustand eines seiner geliebten Kinder war. "Wie siehst du denn aus!", rief er völlig fassungslos. "Du bist ja völlig heruntergekommen! Es wird Zeit, dass du mal wieder eine anständige Pflege erhältst." So nahm er die vermeintliche Taube, schnitt ihr Schnabel und Krallen zurecht und erzog sie trotz ihrer zugegebenermaßen etwas wilden Natur zu einer anständigen Taube. Diese fügte sich schließlich ein in das Leben ihrer Mittauben. Nur manchmal, wenn sie am Himmel einen Adler kreisen sah, erfüllte sie eine tiefe Sehnsucht, die sie sich nicht erklären konnte.

(Aus: "Mit Kindern neue Wege gehen" von Lienhard Valentin)

Kinder lassen sich lenken – die einen mehr, die anderen weniger. Sie haben ein feines Gespür für die subtilen Erwartungen und Wünsche ihrer Eltern. Und um deren Liebe nicht zu verlieren, fügen sie sich und machen, was von ihnen verlangt wird. Sie verdrehen und verbiegen sich, nur um zu gefallen. Aber unsere Kinder gehören uns nicht. Sie sind nicht auf diese Welt gekommen, um unsere Sehnsüchte zu erfüllen oder unsere Träume zu leben und das zu werden, was wir einst werden wollten und nicht erreicht haben. Sollte das doch der Fall sein, wird sich bei ihnen mit Sicherheit früher oder später – möglicherweise erst, wenn sie erwachsen sind – diese leise innere Stimme zu Wort melden, die sagt: "Das ist nicht der richtige Weg für dich, nicht der richtige Platz und nicht die richtige Aufgabe." Doch anstatt darauf zu hören und sich in die richtige Richtung zu bewegen, bleiben sie – wie die meisten Erwachsenen – aus Angst und Bequemlichkeit, wo sie sind, und tun weiterhin, was sie immer getan haben. Sie haben sich abgefunden mit dem, was aus ihnen geworden ist sowie mit dem Leben, das sie führen. Sie verbringen den größten Teil ihrer Zeit damit, jemand zu sein, der sie nicht sind, um ihren Eltern oder anderen Menschen zu imponieren, und sie verdrängen, was immer und immer wieder versucht, aus den Tiefen der Seele an die Oberfläche zu kommen: ihre Wünsche, ihre Träume, ihre wahre Natur – das, was ihre Seele einst in dieses Leben mitgebracht hat.

Genau das ist der Grund für die innere Leere, die so viele Menschen in sich tragen, deren Talente verschüttet sind, weil sie ihr kreatives Potenzial nicht leben. Und es ist die Antwort auf die Frage, warum Menschen – auch trotz großen materiellen Wohlstandes – unzufrieden sind und immer von dem Gefühl begleitet werden, dass etwas in ihrem Leben fehlt. Je größer die innere Leere, umso mehr wird versucht, mit äußeren Mitteln die tiefe Sehnsucht zu unterdrücken - die Sehnsucht, der zu sein, der man ist, und das Leben zu führen, das man führen möchte.

"Zufriedenheit und Erfüllung müssen wir in uns selbst suchen."
(Dalai Lama)

Und wir können sie auch nur in uns selbst finden. Materielle Dinge können uns langfristig keine wirkliche Zufriedenheit schenken. Alle Reichtümer dieser Welt können uns nicht glücklich machen, wenn die Seele leer ist und wir keinen Sinn in unserem Erdenleben erkennen. Und das gilt ebenso für unsere Kinder. Während viele Erwachsene sich bereits aufgegeben und mit den Umständen ihres beinahe bereits gelebten Lebens abgefunden haben, haben die Kinder noch alles vor sich und somit auch die Möglichkeit (mit unserer Unterstützung), den wahren Sinn für sich zu finden. Wenn uns also das Glück unserer Kinder am Herzen liegt und wenn wir wollen, dass sie ein sinnerfülltes Leben führen, müssen wir sie sehen, wie sie sind, und sie zu dem werden lassen, was sie sein können. Wir müssen ihnen zugestehen, ihren eigenen Weg zu finden, ihre eigenen Erfahrungen zu machen und auf der Suche nach sich selbst ihre eigenen Antworten zu finden.

"Wie an dem Tag, der dich der Welt verliehen,
die Sonne stand zum Gruße der Planeten,
bist alsobald und fort und fort gediehen
nach dem Gesetz, wonach du angetreten.
So musst du sein, dir kannst du nicht entfliehen,
so sagten schon Sybillen, so Propheten;
und keine Zeit und keine Macht zerstückelt
geprägte Form, die lebend sich entwickelt."
(Johann Wolfgang von Goethe)

Werde, was du schon immer warst – das Ziel kosmischer Erziehung

Das Ziel kosmischer Erziehung ist es, ein Kind dabei zu unterstützen, seinen individuellen kosmischen Plan zu erfüllen und die eigene Bestimmung zu leben, um damit seinen ganz eigenen Beitrag zu leisten und so diese Welt ein Stückchen besser und ein bisschen schöner zu machen.

Jedes Kind kommt mit einer individuellen inneren Natur zur Welt und ist mit ganz bestimmten Eigenschaften und Talenten ausgestattet, die es für sein Leben braucht. Es ist unsere Aufgabe, das Beste aus unseren Kindern herauszuholen und ihre zarte, zerbrechliche Seele stark zu machen, damit sie zu dem werden, was sie sein können. Eine Rose kann das stärkste und großartigste Potenzial in sich tragen - wenn wir sie in die Wüste pflanzen, wird sie nicht blühen. Sie wird eingehen, und wir werden niemals erfahren, wie schön sie hätte sein können. So wie jede Pflanze eine geeignete Umgebung und die richtigen Bedingungen braucht - gute Erde, ausreichend Wasser und genügend Licht -, damit sie blühen kann, braucht jedes Kind ein liebevolles und anregendes Umfeld, um seine Möglichkeiten entwickeln zu können - vor allem Menschen, die es lieben und seine seelischen Bedürfnisse erfüllen.

"Ohne Resonanz, ohne eine echte Beziehung, kann sich die wahre Natur eines Menschen in den seltensten Fällen verwirklichen."
(Lienhard Valentin)

Was also von seinen Fähigkeiten zum Vorschein kommt, ist weniger eine Sache der Gene, sondern liegt vielmehr in der Verantwortung der Umwelt, in der das Kind aufwächst. Indem wir seine Begabungen fördern und das Kind tun lassen, was ihm Freude bereitet und worin es am besten ist, helfen wir ihm, ein sinnerfülltes Leben zu führen. Was gibt es Schöneres, als das Strahlen in den Augen eines Kindes zu sehen und zu wissen, dass man einen Teil dazu beigetragen hat ... Und selbst wenn ihr Geist vergisst, ihre Herzen werden sich immer erinnern.

Schon vor 2300 Jahren kam Aristoteles zu der Schlussfolgerung, dass der Mensch vor allem das Glück sucht und dass er dann am glücklichsten ist, wenn er seine Zeit mit genau den Aktivitäten verbringt, bei denen er die größte Freude empfindet.

"Wir sind von Natur aus am glücklichsten, wenn wir unserer angeborenen Neigung folgen. Herausragend zu sein in dem, was die Natur uns mitgegeben hat, ist die höchste Form von Glück."

Wenn wir absolut in der Gegenwart präsent sind, ganz in eine Tätigkeit vertieft - jenseits von Raum und Zeit - und völlig eins werden mit dem, was wir tun, entsteht "flow", das Gefühl innerer Erfülltheit, das sich nur dann einstellt, wenn wir etwas mit so viel Leidenschaft und Begeisterung machen, dass wir alles um uns herum vergessen. Deshalb sind Menschen auch fast immer in den Bereichen richtig gut, die sie interessieren und faszinieren.

"Es gibt nur einen Erfolg: Wenn du dein Leben so leben kannst, wie du es dir erträumt hattest."
(Francis Bacon)

Die wahre Berufung im Leben zu finden und das eigene Potenzial entfalten zu können, ist das Sinnvollste, wofür es sich zu leben lohnt. Je mehr Menschen ihre Träume leben und ihre Bestimmung erfüllen, umso höher der Wert für die ganze Menschheit.

"Das einzig Wichtige im Leben sind die Spuren der Liebe, die wir hinterlassen, wenn wir gehen."
(Albert Schweitzer)

Grundvoraussetzungen für eine gelingende Erziehung

"Die Aufgabe der Elternschaft, die in der Tat
als göttliches Privileg betrachtet werden sollte,
ist es in erster Linie, einer Seele die Möglichkeit zu geben,
im Interesse ihrer Weiterentwicklung in diese Welt einzutreten."
(Edward Bach)

Die Kindererziehung ist eine besonders bedeutende und verantwortungsvolle Aufgabe. Sie gehört zu den größten Herausforderungen unserer Zeit, und es ist keine Gabe der Natur, über die Erwachsene automatisch verfügen. Wie aber müssen Eltern sein? Welche Eigenschaften müssen sie haben und welche Fähigkeiten müssen sie entwickeln, damit sie ihre Kinder bestmöglich begleiten und unterstützen können?

Es gibt keine gute Erziehung ohne Selbsterziehung. Deshalb geht es bei der kosmischen Erziehung nicht nur um die Kindererziehung an sich, sondern vor allem um die Selbsterziehung der Erwachsenen, die sich vorgenommen haben, eine Seele unterstützend auf ihrem Lebensweg zu begleiten. So ist die innere Arbeit an sich selbst und die Entwicklung der eigenen Seele eine entscheidende Voraussetzung, um der so wichtigen und wertvollen Aufgabe der Kindererziehung gerecht zu werden.

Selbstreflexion

"Erziehe dich selbst, bevor du Kinder zu erziehen trachtest."
(Janusz Korczak)

Für jeden, der Kinder seelisch gesund erziehen will, ist die wichtigste Voraussetzung die innere Arbeit an sich selbst. Dafür brauchen wir die Fähigkeit zur Selbstreflexion, das heißt, wir müssen in der Lage sein, über uns selbst nachzudenken und den Inhalt des eigenen Bewusstseins zu betrachten. Wir müssen jeden Tag aufs Neue bereit sein, dazuzulernen und uns weiterzuentwickeln. Das erfordert Kraft, Geduld und eine bedingungslose Ehrlichkeit sich selbst gegenüber. Zudem beinhaltet es die Bereitschaft, die eigenen Ansichten - das Leben und die Kinder betreffend - immer wieder infrage zu stellen und neu zu überdenken.

Sind unsere Glaubenssätze aus uns selbst heraus, aufgrund unserer eigenen Erfahrungen entstanden oder sind es die anderer Menschen - möglicherweise die unserer Eltern -, die wir einst unbewusst übernommen haben? Um uns darüber im Klaren zu sein, ist es wichtig, dass wir uns mit unserer eigenen Entwicklungsgeschichte auseinandergesetzt haben, denn ...

"Wer sich an seine eigene Kindheit nicht erinnert,
ist ein schlechter Erzieher."
(Marie von Ebner-Eschenbach)

Von klein auf lernen wir, die Welt mit bestimmten Augen zu sehen. Wie wir unsere Kinderzeit erlebt haben, hat einen entscheidenden Einfluss darauf, wie wir unsere Kinder und die Welt um uns herum wahrnehmen. Die Qualität der Eltern-Kind-Bindung hängt stark davon ab, wie gut wir unsere eigenen frühen Lebenserfahrungen verarbeitet haben. Wenn wir selbst Eltern werden, können verborgene Gefühle aus der eigenen Kindheit an die Oberfläche kommen. Da eine unbewusste emotionale Prägung immer stärker ist als die intellektuelle Einsicht, müssen wir vor allem negative Kindheitserfahrungen - die den klaren Blick auf unsere Kinder vernebeln - aufarbeiten. Wir müssen uns klar werden darüber, welche Situationen wir als schlimm empfunden haben und warum, um überhaupt einen neuen, einen anderen, einen besseren Weg einschlagen zu können.

Wir alle betrachten die Gegenwart durch die Brille der Vergangenheit, gefärbt von den Erfahrungen der Kinderzeit. Vor allem schmerzhafte Erlebnisse aus der Kindheit - wie Vertrauensbruch, Verlassenwerden, Zurückweisung und Ungerechtigkeit - hinterlassen tiefe Wunden in der Seele, und sie müssen geheilt werden, wenn wir nicht wollen, dass sie das weitere Leben bestimmen und die Beziehung zu unseren Kindern beeinträchtigen. Nur wer frei ist vom Ballast der Vergangenheit, kann die Gegenwart richtig sehen.

Schattenintegration

"Der Schatten ist alles,
was du auch bist, aber auf keinen Fall sein willst."
(C. G. Jung)

Der Schatten ist die dunkle Seite der Seele und besteht aus all dem, was wir nicht leben. Das können nicht verwirklichte

Eigenschaften unserer Persönlichkeit sein, die wir nicht anerkennen, oder unterdrückte Gefühle. Alles, was wir nicht wahrhaben wollen oder ertragen können, wird verdrängt. Doch was auch immer ins Unterbewusstsein verdrängt wurde - es bleibt bestehen und strahlt wie ein Magnet ins Leben hinein.

"Du kannst den Teufel aus deinem Garten verjagen,
aber im Garten deines Sohnes findest du ihn wieder."
(J. H. Pestalozzi)

Alles, was wir ablehnen, lebt im Schatten unserer Bewusstheit weiter und begegnet uns immer wieder in Form von Problemen oder Krankheiten. Unverarbeiteter seelischer Müll, der nach oben drängt, sorgt dafür, dass sich bestimmte Ereignisse im Leben ständig wiederholen.

Ein weiteres Problem sind Projektionen - schuld sind scheinbar immer die anderen. Die meisten Menschen befassen sich lieber mit den Schicksalen und Problemen anderer, statt an sich selbst zu arbeiten; denn es ist leichter, über andere Menschen zu schimpfen und zu urteilen, als den eigenen Fehlern ins Gesicht zu sehen, und es ist leichter, sich zu beklagen und sich über die Belange der Welt aufzuregen, als das eigene Leben in Ordnung zu bringen. Wir sehen den Splitter im Auge des anderen, den Balken im eigenen aber nicht, heißt es in der Bibel. Doch alles, was uns draußen in der Welt oder an anderen Menschen stört, ist ein Hinweis darauf, dass wir auf unseren eigenen Schatten getroffen sind, und hat in irgendeiner Weise mit uns beziehungsweise mit einem inneren Problem zu tun, andernfalls würden wir etwas zwar registrieren, uns aber nicht darüber aufregen. Aber anstatt das zu erkennen, wird der Schatten auf andere projiziert und im Außen bekämpft.

Wir projizieren ganz besonders auf die Menschen, die uns am nächsten sind und zu denen wir eine emotionale Verbindung haben. Das sind vor allem unsere Kinder. Alles, was wir an uns selbst nicht sehen und wahrhaben wollen, lehnen wir auch bei ihnen ab. Gefühle, die wir verdrängt haben, können wir auch bei ihnen nicht zulassen. So ist der Schatten im Zusammenleben mit Kindern ein unbewusstes Hindernis, das die besten Vorsätze zunichtemacht und die bestgemeinten Versuche zum Scheitern bringt. Denn dann reagieren wir in bestimmten Situationen - wie auf Autopilot gestellt - übermäßig emotional, und es kann sein, dass wir bei einem scheinbar unbedeutenden Anlass plötzlich ausrasten.

Schatten erschweren das volle Erleben der gegenwärtigen Situation. Wir haben nur eine beschränkte Sicht, was uns wiederum daran hindert, Dinge klar zu sehen und die Kinder richtig wahrzunehmen. Deshalb ist die Schattenintegration so wichtig. Sie ist eine der größten Aufgaben im Leben, und sie ist die Voraussetzung für unser Wachstum und unseren Ganzwerdungsprozess. Schattenintegration bedeutet, eine Verbindung herzustellen zu dem, was in den Tiefen der Seele verborgen ist. Und sobald wir auch nur das kleinste Licht anzünden, verschwindet die Dunkelheit und wir können deutlicher erkennen, wie es um uns herum aussieht. Erst wenn eine Projektion zurückgenommen wird, kann man einen Menschen sehen, wie er wirklich ist.

Erst wenn wir den eigenen Schatten integrieren - Gefühle zulassen und Situationen annehmen -, können wir eine gesunde Beziehung zu unseren Kindern eingehen.

Die besten pädagogischen Ansätze und psychologischen Methoden nützen nichts, wenn wir nicht ehrlich zu uns selbst sind und die Entwicklung unserer eigenen Persönlichkeit außer Acht lassen. Wir müssen uns zunächst auf uns selbst besinnen. Wir müssen wissen, wer wir sind, was wir denken und fühlen, was uns wichtig ist und was wir wollen. Das höchste Ziel des Menschen - die Selbsterkenntnis - besteht in der Fähigkeit, alles anschauen und annehmen zu können und zu erkennen, dass es im Moment gut und richtig ist, wie es ist. Ohne diese Selbsterkenntnis und die innere Arbeit an sich selbst ist keine gute Erziehung möglich.

Achtsamkeit

"Wenn du sitzt, dann sitze nur.
Wenn du gehst, dann gehe nur.
Wenn du redest, dann rede nur.
Wenn du zuhörst, dann höre nur zu.
Wenn du schaust, dann schaue nur.
Wenn du denkst, dann denke nur.
Wenn du spielst, dann spiele nur.
Und erfreue dich jedes Augenblicks und jedes Tages."
(Zen-Weisheit)

Achtsamkeit ist die Konzentration des Bewusstseins auf den gegenwärtigen Augenblick und die Aufmerksamkeit allem gegenüber, was der Moment beinhaltet. Es bedeutet, die Umgebung stets so zu betrachten, als würde man sie zum ersten Mal sehen. Wir nehmen die Position eines wertneutralen Beobachters ein und lassen alle Dinge so sein, wie sie gerade sind, ohne darüber zu urteilen. Im Hier und Jetzt völlig präsent zu sein, ist eine Grundvoraussetzung, um erkennen zu können, wie es in uns aussieht. Diese Bewusstheit ermöglicht es uns, die eigenen inneren Gefühlsregungen wahrzunehmen und deren Herkunft zu bestimmen.

"Bewusstheit ist ein innerer Zustand des Beobachtens, der einhergeht mit dem Wissen darüber, was gerade wirklich in einem selbst und im Außen geschieht und warum es geschieht."
(Rüdiger Schache)

Wir wissen genau, was wir gerade tun, warum wir etwas tun und vor allem, was wir dabei empfinden.

"Die beste Weise, sich um die Zukunft zu kümmern,
besteht darin, sich sorgsam der Gegenwart zuzuwenden."
(Thich Nhat Hanh)

Die Gegenwart ist die einzige Zeit, die wir haben. In dem Moment, in dem wir uns ganz auf den aktuellen Augenblick konzentrieren, ist es nicht möglich, über die Vergangenheit nachzugrübeln oder sich wegen zukünftiger Ereignisse Sorgen zu machen. Sind wir mit den Gedanken woanders, spüren Kinder diese fehlende Präsenz und reagieren darauf möglicherweise mit störenden Verhaltensweisen. Lienhard Valentin bezeichnet Achtsamkeit als *"die Fähigkeit, im gegenwärtigen Moment einfühlsam anwesend zu sein und mit den Kindern in einen wirklichen Kontakt zu treten."* Und er hält dies für die wichtigste Bedingung für eine harmonische Beziehung. Nur wenn wir achtsam sind, können wir klar sehen, wie unsere Kinder wirklich sind, und wissen infolgedessen auch, was sie brauchen. Dann fühlen sie sich wahrgenommen, wertvoll und wichtig, und sie können sich entwickeln, wie es ihnen entspricht.

Empathie

"Eine Annäherung an die Welt des Kindes erfordert
Empathie, die Wertschätzung der Wahrnehmung und
Gefühle der Kinder und ein Interesse daran,
die Sicht der Kinder auf ihre Welt zu verstehen."
(Friederike Heinzel)

Empathie ist die Fähigkeit, sich in einen anderen Menschen hineinzuversetzen und intuitiv zu spüren, was in ihm vor sich geht. Wenn wir begreifen wollen, welche Motive das Verhalten eines Kindes bestimmen, müssen wir seine innere Welt wahrnehmen und Erfahrungen aus seiner Perspektive betrachten. Nur so können wir verstehen, warum ein Kind etwas sagt oder tut, und angemessen darauf reagieren. Ein Kind kann Situationen negativ bewerten, die wir ganz anders wahrnehmen. Es kann Dinge als schlimm empfinden, die es für uns nicht sind.

"Nicht was wir erleben, sondern wie wir empfinden,
was wir erleben, macht unser Schicksal aus."
(Marie von Ebner-Eschenbach)

Doch es sind nicht unbedingt negative Erlebnisse und die damit verbundenen schmerzlichen Gefühle, die einem Kind zu schaffen machen. Viel belastender ist, wenn es das Erlebte mit niemandem teilen kann, weil keiner da ist, der es mit seinem Schmerz und in seiner Verzweiflung annimmt, der zuhört und Verständnis zeigt. Wenn Erwachsene nicht fähig sind, sich mit ihren eigenen schmerzhaften Gefühlen auseinanderzusetzen, können sie diese auch bei ihren Kindern nicht zulassen. Fehlt die Empathie und wird den Gefühlen eines Kindes keine Beachtung geschenkt, fühlt es sich emotional verlassen und ungeliebt und hört möglicherweise irgendwann ganz auf, seine Gefühle zu zeigen.

Um sich überhaupt in einen anderen Menschen hineinversetzen zu können, muss man Zugang zum eigenen Seelenleben haben. Wer aber von seiner eigenen Gefühlswelt abgeschnitten ist, kann weder seine eigenen Gefühle spüren noch die eines anderen wahrnehmen, und wer mit den eigenen Gefühlen nicht umgehen kann, kann auch mit den Gefühlen anderer nicht umgehen. Wir als Eltern müssen in der Lage sein, auch unangenehme Gefühle zuzulassen und auszuhalten, andernfalls können wir nicht einfühlsam auf die schmerzlichen Gefühle eines Kindes reagieren. Je offener wir für unsere Emotionen sind, desto besser können wir die Emotionen des Kindes verstehen. Indem wir ihm seine Gefühle spiegeln, das heißt mit unseren eigenen Worten seinen emotionalen Zustand wiedergeben, helfen wir ihm, sich verstanden zu fühlen.

Gelassenheit

Gelassenheit ist im Leben mit Kindern eine äußerst wertvolle Eigenschaft, die allerdings schwer zu entwickeln ist. Mit Gelassenheit ist nicht gemeint, dass einem alles gleichgültig ist und Kinder machen können, was sie wollen. Ganz im Gegenteil. Meistens haben wir sehr genaue Vorstellungen, was unsere Kinder und deren Leben betrifft. Doch in der Realität gibt es immer etwas, das uns nicht gefällt und was wir lieber anders hätten. Wenn es Schwierigkeiten gibt - welcher Art auch immer - neigen wir schnell zum Dramatisieren. Wir machen Ereignisse schlimmer, als sie eigentlich sind, indem wir sie gedanklich übertrieben negativ bewerten, und verlieren den Blick für das Wesentliche. Jedoch:

"Nicht die Dinge selbst, sondern ihre Vorstellung
von den Dingen beunruhigt die Menschen."
(Epiktet)

Buddha lehrte, dass das größte Glück im Frieden liegt, der nicht gestört werden kann durch sich verändernde Umstände. Das bedeutet, dass man Dinge auch geschehen lassen kann, Veränderungen hinnimmt und sich nicht ständig dagegen wehrt.

"Wie der Bambus sich biegt, ohne zu brechen,
bleibt der Weise unberührt von den Stürmen des Lebens."

Der Sufi und Dichter Rumi aus dem 12. Jahrhundert formulierte es so:

"Dies Menschsein ist ein Gästehaus. Jeder Morgen eine neue
Ankunft. Eine Freude, ein Kummer, eine Hinterlist,
eine plötzliche Erkenntnis kehrt unerwartet ein.
Heiß alle willkommen und bewirte sie.
Und sei`s auch eine Sorgenschar,
die ungestüm das Mobiliar aus deinem Hause fegt,
begegne jedem Gast mit Achtung.
Vielleicht putzt er dich ja für neue Freuden blank.
Empfang den düsteren Gedanken, die Scham,
die Bosheit lachend an der Tür und bitte sie herein.
Sei dankbar für jeden, der da kommt -
er wurde als Führer aus dem Jenseits gesandt."

Es ist einfach, sich zu freuen, wenn die Sonne scheint. Und genauso leicht ist es, gelassen zu sein, wenn unsere Kinder sich unseren Wünschen entsprechend verhalten und alles wie am Schnürchen läuft. Aber gelassen zu bleiben, wenn etwas nicht unseren Vorstellungen entspricht, ist wesentlich schwieriger. Wahre Gelassenheit ist eine innere Einstellung, die unabhängig ist von äußeren Umständen. Es ist ein Grundeinverständnis mit dem Leben und allem, was dazugehört. Wenn wir allen Aspekten des Lebens mit Akzeptanz und Mitgefühl begegnen und die Vorstellungen loslassen, wie etwas zu sein hat, kann uns nichts so leicht aus der Fassung bringen. Durch die Ausstrahlung liebender Gelassenheit entsteht eine Grundstimmung der Ruhe, die sich letztlich auch auf die Kinder überträgt und ihnen ebenfalls Ruhe und Sicherheit vermittelt.

Authentizität

Authentizität ist die Fähigkeit, echt und ehrlich zu sein, den Mut zu haben, seine Eigenart zu leben und die Dinge zu tun, die man für richtig hält (ungeachtet dessen, was andere davon halten), das heißt, auch mal gegen den Strom zu schwimmen, wenn es erforderlich ist. Authentische Menschen haben ihre eigene Meinung, sind in der Lage, diese frei zu äußern, und stehen zu 100 Prozent zu ihren Überzeugungen und hinter den Entscheidungen, die sie treffen.

Der erste Schritt zu einer authentischen Kommunikation mit unseren Kindern heißt Selbstklärung. Nur wer sich selbst kennt und sich seiner Gefühle bewusst ist, verkörpert authentische Präsenz und ist in der Lage, auch anderen gegenüber ehrlich zu sein. Wer sich dagegen selbst etwas vorlügt, belügt auch seine Umwelt.

"Wenn im Herzen Aufrichtigkeit ist, wird sich Schönheit im Wesen zeigen. Wenn im Wesen Schönheit ist, wird Eintracht im Hause herrschen."
(Konfuzius)

Wollen wir kompromisslos aufrichtig sein, verbergen wir nichts, wir verstellen uns nicht und versuchen auch nicht, etwas vorzuspielen, nur um anderen Menschen oder unseren Kindern zu imponieren. Rein intellektuell lassen sich Kinder sowieso nicht überzeugen. Wir können sie nur erreichen, wenn unser Verhalten mit unserem inneren Gefühl übereinstimmt und wenn das, was wir sagen, von Herzen kommt.

"Dem Herz, das ehrlich ist, öffnen sich selbst Steine."
(Lju Hsjuang)

Dafür müssen wir keineswegs perfekt sein und so tun, als ob wir allwissend wären. Ganz im Gegenteil - es ist ein Zeichen von Stärke, wenn man Fehler zugeben und sich dafür entschuldigen kann. So zeigen wir an unserem eigenen Beispiel, dass man durchaus zu seinen Schwächen stehen kann, ohne menschlich an Wert zu verlieren.

Der Apfel fällt nicht weit vom Stamm – Erziehung nach dem eigenen Vorbild

"Alles richtet sich nach seiner Umgebung,
was noch nicht erstarkt ist."
(Lucius A. Seneca)

Kinder werden zu körperlich und seelisch gesunden Menschen, indem sie mit körperlich und seelisch gesunden Erwachsenen zusammenleben. Niemand beeinflusst das Leben von Kindern so stark wie die eigenen Eltern. Sie sind die wichtigsten Vorbilder, und Nachahmung ist das wirksamste Erziehungsmittel. Kinder beobachten ihre Umgebung genau, und was sie in den ersten Jahren vorgelebt bekommen, prägt ihr Denken und Handeln ein Leben lang. Die Denk- und Verhaltensweisen der Eltern werden direkt in die kindliche Psyche übernommen und formen die Persönlichkeit. Deshalb müssen wir in der Lage sein, mit gutem Beispiel voranzugehen und das vorzuleben, was wir unseren Kindern vermitteln wollen.

"Man erzieht durch das, was man sagt, mehr noch durch das, was man tut, am meisten durch das, was man ist."
(Ignatius von Antiochien)

Durch unser eigenes Verhalten zeigen wir, wie wir Entscheidungen treffen, Probleme lösen und mit Menschen umgehen. Wenn wir von unseren Kindern erwarten, dass sie andere Menschen freundlich und respektvoll behandeln, dann müssen wir selbst das ebenso tun und nicht permanent über unsere Mitmenschen schimpfen und urteilen. Wenn wir möchten, dass sich unsere Kinder gesund ernähren und viel bewegen, sollten auch wir nicht den ganzen Tag faul auf der Couch sitzen und eine Tüte Chips nach der anderen essen. Und wenn wir ihnen vermitteln wollen, dass es wichtig ist, den Augenblick zu genießen und dankbar zu sein für alles Schöne und Gute, das uns umgibt, ist es kaum vorbildlich, wenn wir selbst unsere wertvolle Lebenszeit damit verschwenden, uns über jede noch so belanglose Kleinigkeit aufzuregen, und uns dauernd über Dinge beklagen, die wir sowieso nicht ändern können.

"Bevor ihr den Menschen predigt, wie sie sein sollen, zeigt es ihnen an euch selbst."
(Fjodor Dostojewski)

Unsere Einstellung, unsere Überzeugungen, Prinzipien und Wertvorstellungen müssen in der Art, wie wir leben, zum Ausdruck kommen. Wer wir sind, ist entscheidender als jedes Erziehungskonzept. Unsere geistige Ausrichtung und eine positive Ausstrahlung sind viel wichtiger als jede scheinbar noch so erfolgversprechende Methode. Es ist die Festigkeit unserer Persönlichkeit, der Kinder Achtung und Respekt entgegenbringen. Sie wirkt so unmittelbar auf die kleine Kinderseele wie die Sonne auf die Blüten der Blätter. Keine noch so ausgeklügelte Erziehungsmethode kann verschleiern, was die Gedanken und das Gemüt eines Menschen vorwiegend beherrscht, schreibt Heinz Grill. Das, was in den Tiefen der Seele wohnt, wird immer überwiegen. Und jede positive seelische Weiterentwicklung, die bei den Eltern oder anderen nahestehenden Personen stattfindet, wird unweigerlich hinüberstrahlen auf die Kinder und dort einen heilsamen Einfluss haben.

"Was in der Seele von Eltern lebt,
bringt Vergleichbares in der Seele des Kindes zum Schwingen."
(Isabel Köller)

Nur wenn wir bereit sind, die Verantwortung für unser Leben zu übernehmen und stets an uns selbst zu arbeiten, können wir unseren Kindern ein gutes Vorbild sein. Mit dem, was wir vorleben, geben wir ihnen eine Botschaft, die noch Jahrzehnte nachwirken wird und sich auch auf die kommenden Generationen überträgt.

Die Entstehung der Persönlichkeit – wie wir werden, was wir sind

"Und jedem Anfang wohnt ein Zauber inne,
der uns beschützt und der uns hilft zu leben."
(Hermann Hesse)

Die frühen Kindheitsjahre spielen eine enorm wichtige Rolle für die Entwicklung der Persönlichkeit und den weiteren Lebensweg. Hier werden die wesentlichen Grundlagen dafür gelegt, wie Kinder sich und andere wahrnehmen und welches Selbstbild sie entwickeln. Es heißt, in den ersten Lebensmonaten setzen sich Erinnerungen fest, die noch 30 Jahre später die emotionale Stabilität beeinflussen können. Was Kinder in diesem Zeitraum erleben, gräbt sich in das emotionale Gedächtnis ein und wirkt prägend für das ganze Leben. Von den Jesuiten stammt der Spruch: "Gib mir ein Kind, bis es sieben ist, und ich gebe dir den Mann." Die Jesuiten wussten, dass sich die tief sitzenden Glaubensmuster und Überzeugungen in der frühen Kindheit formen und auf der unbewussten Ebene extrem starke Spuren hinterlassen. Bis zum siebten Lebensjahr sind die grundsätzlichen Weichenstellungen zu unserer Persönlichkeit abgeschlossen, und wir leben danach nur noch unsere Programmierung aus. Das Bild, das wir von uns selbst und der Welt haben, ist erlernt. Glaubenssätze werden entweder von den Eltern übernommen oder entstehen, wenn wir häufig die gleiche Erfahrung gemacht haben. Sie wirken unterbewusst und haben einen weitaus größeren Einfluss auf das Leben als das, was tatsächlich passiert.

"Frühkindliche Konditionierungen, die auf der unbewussten Ebene verankert sind, werden für uns zu fundamentalen Wahrheiten, die wir später trotz aller Erkenntnisse unseres Verstandes kaum noch loswerden, zum Beispiel ist es kaum möglich, eine wirklich positive Lebenseinstellung zu haben, wenn ich durch die Erziehung oder eigene gemachte Erfahrungen gegenteilig geprägt wurde."

(Matt Galan Abend)

Ganz egal, was wir verstandesmäßig wollen, solange das Unterbewusstsein anders programmiert ist, können wir es nicht erreichen. Die unbewussten Kräfte sind immer stärker. Sie bestimmen unser Verhalten und sind verantwortlich dafür, ob wir glücklich, gesund und erfolgreich sind oder eben nicht. Erst Bewusstheit und die Aufarbeitung der Vergangenheit geben uns die Möglichkeit zu wählen.

Im Erwachsenenalter neigen wir dazu, die emotionale Atmosphäre aus unserer Kinderzeit wiederzuerschaffen und unsere persönlichen Beziehungen so zu gestalten, wie die Beziehung zu unseren Eltern war. Wir wiederholen die Muster aus der Kindheit und behandeln uns selbst so, wie wir die Behandlung durch unsere Eltern wahrgenommen haben.

"Die Ereignisse unserer Kindheit gehen nicht vorüber, sondern wiederholen sich wie die Jahreszeiten."

(Eleanor Farjeon)

Was während der Kindheit nicht verarbeitet werden konnte, wiederholt sich im Erwachsenenalter.

Wir geraten immer wieder in ähnliche Situationen und machen bestimmte Erfahrungen, weil sie zu den unbewussten Denk- und Verhaltensmustern passen und etwas widerspiegeln, was wir über uns selbst glauben. So wird ein Kind, das sich von seinen Eltern vernachlässigt fühlte, das sein ganzes Leben lang leben. Katharina Zimmer schreibt:

"Ein Kind, das sich zu Hause nicht geliebt fühlt und häufig abgewiesen wird, zieht sich auch im weiteren sozialen Umfeld - zwischen anderen Kindern - immer wieder negative Erfahrungen zu."

Oder ein Kind macht zum Beispiel wiederholt die Erfahrung, dass es ungerecht behandelt wird: Zuerst wird ein Geschwisterkind von den Eltern immer wieder bevorzugt, später ein Mitschüler von einem Lehrer oder ein Sportkamerad von einem Trainer. Irgendwann gelangt dieses Kind zu der festen Überzeugung, immer und überall benachteiligt zu werden. Es entsteht ein negativer Glaubenssatz, der sich mit der Zeit tief in seinem Unterbewusstsein verankert und die Erfahrung des "Benachteiligtwerdens" zieht sich wie ein roter Faden durch sein Leben.

Diesen Mechanismus gilt es zu durchschauen, ehe man in seinem Leben etwas verändern kann. Man muss sich zunächst bewusst machen, dass es sich dabei nicht um Zufall, Schicksal, Pech oder Unglück handelt und dass nicht die anderen "die Bösen" sind, sondern dass man sich aufgrund der eigenen unbewussten Überzeugungen selbst in bestimmte Situationen bringt und vorwiegend Menschen begegnet, die einen so behandeln, wie man es durch die ersten Bezugspersonen erfahren hat und wie man daraufhin tief in seinem Inneren meint, es verdient zu haben. Die

Umwelt verhält sich wie ein Spiegel, der uns unverblümt zeigt, wie wir mit uns selbst umgehen und welchen Wert wir uns zugestehen.

Es ist unmöglich, sich selbst richtig kennenzulernen und der zu sein, der man ist, wenn man von klein auf bestimmte Persönlichkeitsanteile verdrängen muss, weil sie von der Umwelt abgelehnt werden. Es ist unmöglich, sich selbst im Leben zu verwirklichen und seine Fähigkeiten erfolgreich einzusetzen, wenn man kein Vertrauen in sich selbst hat und nicht an sich glaubt. Und es ist unmöglich, sich wertvoll zu fühlen, wenn man in den prägenden Jahren der Kindheit überwiegend Erfahrungen von Gewalt, Demütigung, Missachtung und emotionaler Vernachlässigung gemacht hat. Es bleiben lebenslange Narben, die es einem unendlich schwer machen, fröhlich, glücklich, unbeschwert und innerlich zufrieden zu sein.

Viel zu viele Menschen verbringen ihr ganzes Leben damit, gegen den Schatten der Vergangenheit zu kämpfen, der einst in den Kinderjahren entstanden ist, um sich vor schmerzhaften Erfahrungen zu schützen und um seelisch überleben zu können. Und es kostet enorm viel Energie, um den brodelnden Vulkan im eigenen Inneren dauerhaft unter Verschluss zu halten. Was gibt es Traurigeres, als mit ansehen zu müssen, wie ein geliebter Mensch sein Dasein fristet, weil er mit so vielen Schatten zu kämpfen hat, dass keine Kraft mehr bleibt, das in ihm verschüttete seelische Potenzial ans Licht zu holen und zu leben ... Und das alles, weil ihn die Menschen, die ihn im Grunde hätten stärken und unterstützen müssen, falsch behandelt haben.

Was Kinder brauchen – die seelischen Bedürfnisse

Alle Eltern wollen das Beste für ihre Kinder - dass sie gesund und glücklich sind und erfolgreich durchs Leben gehen. Doch welche Voraussetzungen müssen erfüllt sein, um dieses Ziel zu erreichen? Was brauchen die Kinder?

Zunächst brauchen Kinder tiefe, starke Wurzeln. Und diese Wurzeln bestehen aus einer sicheren Bindung zu den Eltern und dem daraus entstehenden Urvertrauen.

Bindung und Urvertrauen – die Wurzeln kosmischer Erziehung

Ein Baum kann nur so weit in den Himmel wachsen, wie seine Wurzeln in die Erde reichen, und je höher er in den Himmel wächst, desto tiefer müssen seine Wurzeln sein. Ohne Wurzeln kann keine Pflanze überleben. Die meisten Pflanzen sterben sofort, wenn man ihnen die Wurzeln abschneidet. Wie jede Pflanze, so braucht auch ein Kind Wurzeln, um fest im Leben stehen und den Stürmen des Lebens standhalten zu können. Es braucht eine stabile Basis in Form einer sicheren emotionalen Beziehung zu seinen Bezugspersonen, um sich gesund entwickeln und seelisch wachsen zu können. Damit eine sichere Bindung entstehen kann, ist es angewiesen auf die ständige Gegenwart und die liebevolle Zuneigung seiner Mutter (und nicht auf einen Krippenplatz). In dieser Hinsicht geben uns die Naturvölker ein gutes Vorbild. Dort tragen die Mütter ihre Kinder den ganzen Tag in einem Tuch bei sich. So macht das kleine Wesen die Erfahrung, dass es geliebt wird und mit allem versorgt wird, was es braucht. Nur wenn die Signale des Kindes wahrgenommen und angemessen beantwortet werden, das heißt wenn die kindlichen Bedürfnisse verlässlich befriedigt werden, kann sich eine Beziehung zwischen Mutter und Kind entwickeln. Je feinfühliger eine Mutter auf ihr Kind eingeht, umso sicherer die Bindung. Aufgrund dieser Erfahrung einer gesunden, von positiven Gefühlen getragenen Beziehung kann Urvertrauen entstehen - eine innere emotionale Sicherheit, mit der alles beginnt und die das Vertrauen in sich selbst und in die Umgebung erst ermöglicht. Urvertrauen ist die erste Komponente der seelischen Gesundheit. Nur mit diesem grundlegenden Gefühl der Sicherheit können Kinder sich ihrer Umwelt zuwenden und frohgemut die Welt entdecken. Sie finden zu einer inneren Stärke, die ihnen auch in stürmischen Zeiten hilft, die Bodenhaftung nicht zu verlieren und, sich den Glauben an sich selbst zu bewahren.

"Wer es schafft, Urvertrauen in seinem Kind anzusiedeln,
der hat ihm etwas sehr Wertvolles geschenkt,
worauf es sein ganzes Leben lang zurückgreifen kann:
das Vertrauen in sich selbst."
(Isabel Köller)

Auch Armin Krenz schreibt, dass eine liebevolle, vertrauensvolle und verlässliche Bindung die Basis ist für ein tiefes Selbstvertrauen.

> *"Eine vom Kind empfundene innere Sicherheit ist die Grundlage für alle Entwicklungsvorgänge, die darauf abzielen, selbstaktiv und intrinsisch motiviert neue Handlungsschritte zu unternehmen. Dies wiederum bildet die Grundlage für Selbstständigkeit, Unabhängigkeit und Anstrengungsbereitschaft."*

Bindung ist ein grundlegendes Bedürfnis. Die Mutter hat dabei die Funktion einer Sicherheitsbasis, auf die das Kind bei Angst, Bedrohung oder Verunsicherung zurückgreifen kann. Die Qualität der Bindung - ob Kinder sich sicher fühlen oder nicht - beeinflusst die weitere Entwicklung, die Beziehungsfähigkeit sowie das gesamte weitere Leben. Kinder ohne eine tiefe Bindung haben keinen festen Stand und keine Orientierung im Leben. Fehlt die wichtige Erfahrung des Urvertrauens, kann sich das später in Beziehungsstörungen oder problematischen Verhaltensweisen äußern. Bindungsunsichere Kinder sind nicht so widerstandsfähig, sie sind anfälliger für Suchtverhalten und Kriminalität, ihre Empathiefähigkeit ist geringer ausgeprägt und sie haben Schwierigkeiten, gesunde Beziehungen einzugehen - eine unabdingbare Voraussetzung, damit das Zusammenleben mit anderen Menschen gelingen kann. Wenn Kinder keine Wurzeln haben, können sie auch nicht fliegen. Sie sind stets auf der Suche nach emotionaler Sicherheit, so dass ihnen keine Kraft bleibt, das in ihnen liegende Potenzial zu entfalten und sich selbst zu verwirklichen.

Liebe und Wertschätzung

"Lieben heißt, einen Menschen so zu sehen, wie Gott ihn gemeint hat."
(Fjodor Dostojewski)

Wahre Liebe bedeutet, ein Kind anzunehmen, wie es ist - mit seinen guten und schlechten Seiten, mit seinen Stärken und Schwächen - mit einfach allem, was zu ihm gehört. Liebe und Annahme sind unabhängig davon, was im Leben passiert. Es ist eine Liebe ohne Bedingungen, die nicht abhängig ist von einem vorbildlichen Verhalten oder besonderen Leistungen. Es spielt in dem Fall keine Rolle, wie ein Kind sich benimmt oder was es kann. Es muss nicht perfekt sein und es muss sich unsere Liebe nicht "verdienen". Wir lieben und schätzen es, einfach weil es auf der Welt ist.

"Die wichtigste Voraussetzung für eine wirkliche Entfaltung des vollen menschlichen Potenzials ist, dass sich Kinder bedingungslos geliebt fühlen - das heißt, dass Liebe frei gegeben wird und nicht an Bedingungen geknüpft ist, dass sie nichts tun, darstellen oder leisten müssen, um Liebe oder Aufmerksamkeit zu bekommen ..."
"Damit sich ein Kind geliebt fühlt, muss es sich auch in seinem Wesen gesehen fühlen. Alle Liebesbekundung und alle Zuwendung kann nicht wirklich ankommen, wenn sich das Kind nicht gesehen fühlt."
(Lienhard Valentin)

Wie aber äußert sich eine wahrhaftige Liebe im täglichen Leben? Wie können wir dafür sorgen, dass die Liebe, die wir in uns tragen, auch beim Kind ankommt?

Liebe ist ein starkes Gefühl, das weniger durch überschwängliche, große Gesten als vielmehr in den kleinen Dingen zum Ausdruck kommt. Um sicherzugehen, dass Kinder diese Liebe auch spüren, muss sie im Alltag transparent gemacht werden - durch das, was wir sagen, was wir tun und wie wir uns ihnen gegenüber verhalten. Liebe kann ein Lächeln sein, ein freundlicher Gruß, eine liebevolle Umarmung. Liebe ist, wenn wir die Bedürfnisse unserer Kinder ernst nehmen und Verständnis haben für ihre großen und kleinen Wünsche. Liebe heißt, sich Zeit nehmen, den Kindern zuhören und dabei vollkommen präsent sein. Liebe ist, ihnen auch in schwierigen Situationen beizustehen und ihnen Mut zu machen, wenn sie Angst haben; wenn wir jede noch so kleine Bemühung ihrerseits, etwas zu erreichen, anerkennen und wertschätzen und uns gemeinsam mit ihnen freuen, wenn etwas gelingt. Indem es die Liebe der Eltern erlebt - in ihren unterschiedlichsten Facetten -, lernt ein Kind, sich selbst zu lieben. Elternliebe ist die stärkste Macht im Universum und die Lebensgrundlage für jede Kinderseele. Es ist die Quelle kindlicher Lebensenergie, aus der die Kinder ihr Selbstwertgefühl schöpfen. Das gibt ihnen die Kraft, auch in schwierigen Situationen die Hoffnung nicht zu verlieren und sich stets den Glauben an das Gute zu bewahren.

"Mit einer Kindheit voll Liebe
kann man ein ganzes Leben lang aushalten."
(Jean Paul)

Wer keine Oase in sich trägt, überlebt die Wüste nicht. Ohne Liebe ist alles nichts. Fehlt sie, hinterlässt das in der Seele eine lebenslange Leere, die durch spätere Erfahrungen kaum gefüllt werden kann. Diese Wunde kann auch die Zeit nicht heilen. Bekommen Kinder keine liebevolle Wertschätzung für das, was sie sind, empfinden sie auch keine Wertschätzung für sich selbst. Aufgrund dessen hungern sie ihr ganzes Leben lang nach Anerkennung und versuchen mit allen Mitteln, von außen zu bekommen, was in ihrem Inneren nicht vorhanden ist. Das geht oft so weit, dass sie sich als Erwachsene übermäßig anpassen und alles tun, um anderen zu gefallen. Manche opfern sich regelrecht auf - bis hin zur Selbstaufgabe -, und während sie versuchen, es jedem recht zu machen, vergessen sie vollkommen, was sie eigentlich selbst wollen und was ihnen wichtig ist.

Die Liebe verbindet uns und hält uns zusammen. Diana Cooper sagt: "Wenn wir einen anderen Menschen so sehr lieben, dass wir uns eins mit ihm fühlen (...) berühren wir das Herzzentrum des anderen und entzünden den göttlichen Funken in ihm." Dann können wahre Wunder geschehen; und der Einsatz, den wir bringen, entspricht dem Ergebnis, das wir erfahren.

"Ein Kind, das von seinen Eltern liebevoll behandelt wird und das seine Eltern liebt, gewinnt dadurch ein liebevolles Verhältnis zu seiner Umwelt und bewahrt diese Grundeinstellung sein Leben lang. Und das ist auch dann gut, wenn das Kind später nicht zu denen gehört, die das Schicksal der Welt lenken. Sollte das Kind aber wider Erwarten eines Tages doch zu diesen Mächtigen gehören, dann ist es für uns alle ein Glück, wenn seine Grundhaltung durch Liebe geprägt worden ist und nicht durch Gewalt. Auch künftige Staatsmänner und Politiker werden zu Charakteren geformt, noch bevor sie das fünfte Lebensjahr erreicht haben - das ist erschreckend, aber es ist wahr."

(Astrid Lindgren in ihrer Dankesrede für den Friedenspreis des deutschen Buchhandels)

Unsere Kinder sind die Erwachsenen von morgen, und wie wir heute mit ihnen umgehen, zeigt die künftigen Lebensbedingungen unserer Gesellschaft.

"Wer nur ein einziges Leben rettet, der rettet die ganze Welt."
(Talmud)

Zeit und Aufmerksamkeit

"Nimm ein Kind an die Hand und lass dich von ihm führen. Betrachte die Steine, die es aufhebt, und höre zu, was es dir erzählt. Zur Belohnung zeigt es dir eine Welt, die du längst vergessen hast."
(Unbekannter Verfasser)

Kinder sind von Natur aus neugierig und wollen die Welt entdecken, aber ihre Seelen brauchen Zeit, um die Vielfalt an Wahrnehmungen aufnehmen zu können: die Blumen auf der Wiese, die Blätter im Wald, den Vogel auf dem Baum, das Graben im Sand, das Planschen im Wasser. Diese Wahrnehmungszeit - um sich selbst kennenzulernen und ihre Umwelt zu erkunden - wird Kindern oft vorenthalten von Erwachsenen, die von einem Termin zum nächsten hetzen oder die ihrer Arbeit mehr Bedeutung beimessen.

"Die Arbeit läuft dir nicht davon, während du deinem Kind den Regenbogen zeigst. Aber der Regenbogen wartet nicht, bis du mit der Arbeit fertig bist."
(Aus China)

Wenn man etwas von vornherein nicht will, findet man auch immer Gründe, die dagegen sprechen. Oft wäre die Aussage "Ich habe keine Lust, und dafür will ich meine Zeit nicht opfern" ehrlicher. Zeit zu haben ist eine Frage der Prioritäten, und für das, was einem wirklich wichtig ist, findet man immer Zeit. Ob wir ein Buch vorlesen oder gemeinsam ein Spiel spielen, ob wir Radfahren, durch den Wald wandern, Schwimmen gehen oder Ball spielen - entscheidend ist, dass Kinder unsere ungeteilte Aufmerksamkeit bekommen.

Die Zeit, die wir unseren Kindern schenken, muss aber keineswegs mit permanenten Aktionen und Fördermaßnahmen gefüllt sein. Im Grunde geht es nicht so sehr darum, was wir tun. Es zählt allein, was seelisch dahintersteckt und welche innere Haltung wir dabei einnehmen. Die Zeit, die wir mit Liebe und Freude im Herzen gemeinsam verbringen, gibt den Kindern das Gefühl, die wichtigste Person auf der Welt zu sein. Das sind die wirklich kostbaren Momente im Leben, die wahrscheinlich mehr bedeuten, als wir je erahnen können. Jeder Tag ist ein Geschenk, und jeder einzelne Augenblick, jeder noch so kleine Moment ist von unendlichem Wert.

"Es ist die Zeit, die du für deine Rose verloren hast,
die deine Rose so wichtig macht."
(Antoine de Saint-Exupery)

Kinder brauchen jedoch nicht nur das Zusammensein mit den Eltern, sondern auch Zeit für sich selbst - Zeit, die nicht von Erwachsenen verplant ist und in der sie nicht das tun müssen, was andere vorgeben. Sie brauchen Zeit für Dinge, die ihnen am Herzen liegen und für die sie sich interessieren und begeistern. Wir müssen ihnen die Möglichkeit geben, ihren inneren Leidenschaften zu folgen. Während manche Eltern es ganz besonders gut meinen und ihrem Kind viel bieten möchten - was dazu führt, dass es jeden Tag ein volles Programm hat: Turnen, Singen, Klavierunterricht -, fühlt das Kind sich möglicherweise dadurch überfordert. Es ist sicherlich richtig, ein Kind in dem zu fördern, was es gut kann und gerne tut, aber dabei ist es wichtig, ein gesundes Maß zu finden zwischen Aktivität und Ruhe, zwischen Anpassung und Freiheit. Je mehr Zeit verplant ist und je mehr Kinder an organisierten Veranstaltungen teilnehmen, desto weniger Raum haben sie für sich selbst und desto schwieriger ist es, sich zu erholen und zur Ruhe zu kommen. Nur wenn Kinder genug Zeit für sich selbst bekommen, können sie zeigen, wer sie wirklich sind.

Spielen

"Zwischen Lachen und Spielen werden die Seelen gesund."
(Arabisches Sprichwort)

Die Bedeutung des Spiels kann gar nicht hoch genug eingeschätzt werden. Spielen ist die wichtigste Beschäftigung von Kindern überhaupt, denn sie brauchen es für eine gesunde seelische und körperliche Entwicklung. Im freien Spiel lernen Kinder sich selbst kennen und entdecken die Welt. Sie setzen sich mit Erlebtem auseinander und machen sich mit Neuem vertraut. Sie finden heraus, was sie gern tun und was ihnen nicht gefällt, was sie fröhlich und was sie traurig macht, welche Kinder sie mögen und welche nicht - und sie lernen, damit umzugehen.

"Im spielerischen Umgang mit den Problemen, die wir Erwachsene unseren Kindern gewollt oder ungewollt bescheren, bereiten sich Kinder auf das Leben vor. Dort erwerben sie neue Fähigkeiten, dort machen sie ihre wichtigsten Erfahrungen. Beim eigenen, von uns nicht überwachten und kontrollierten Spiel begegnen sie anderen Kindern, mit denen sie sich verbunden und denen sie sich zugehörig fühlen. Sie lernen, Konflikte zu lösen und immer neue Herausforderungen zu meistern."
(Gerald Hüther/Uli Hauser)

Kinder können oftmals noch nicht verbal äußern, was sie bewegt. Aber wenn sie spielen, teilen sie uns manchmal mehr mit, als sie mit Worten ausdrücken können. Laut Andreas Weber kommunizieren Kinder bis zum Alter von sieben Jahren vor allem im gemeinsamen Spiel und weniger durch sprachliche Aussagen miteinander. Sie beginnen, etwas zu tun und sich gemeinsam darin zu versenken. Jedes Spiel hat seine Berechtigung, und sinnlose Spiele gibt es nicht. Auch wenn Kinder im Spiel mit sich selbst sprechen, ist das für sie ein wichtiges Hilfsmittel, um Gedanken zu ordnen, Handlungen zu steuern und Vorstellungen im Kopf festzuhalten. Wer ein Kind beim Spielen beobachtet, erhält einen Hinweis darauf, wo es gerade in seiner Entwicklung steht. Es bevorzugt immer das, was es im aktuellen Entwicklungsstadium benötigt oder was ihm am ehesten hilft, tiefgreifende und beeindruckende Erlebnisse zu verarbeiten, mit Konflikten und Ängsten fertigzuwerden oder auch verstummte Sehnsüchte auszuleben. Indem sie spielen, können Kinder selbst ihr inneres Gleichgewicht wiederherstellen und ihre natürliche Widerstandskraft zurückgewinnen.

Kinder brauchen kein "pädagogisch wertvolles" Spielzeug, das auf ein bestimmtes Lernziel ausgerichtet ist. Sie können praktisch mit allem spielen, was die Umgebung ihnen bietet, und sie entwickeln dabei viel mehr Fantasie und Kreativität, als wenn sie sich mit fertigem Spielzeug beschäftigen. Alles, was die Natur bereithält - Wasser, Erde, Sand und jeder beliebige Gegenstand - ist zur Bereicherung des inneren Erlebens brauchbar. Indem das Kind das Objekt seines Spiels erforscht und neu gestaltet, wird es zu etwas Besonderem. Es kommt nur auf die kindliche Tätigkeit an sich an. Wo Kinder frei und unbekümmert spielen, können sie ihrer Fantasie freien Lauf lassen. Das ist wichtiger als jede intellektuelle Beschäftigung.

Friedrich Fröbel, der Erfinder des Kindergartens, betonte, dass das Spiel eine sehr stark spirituelle Aktivität ist, mit der ein Kind sein Innerstes zum Vorschein bringt. Es zeigt, was in ihm vor sich geht, mit was es sich gedanklich beschäftigt, was ihm Freude macht oder Sorgen bereitet. Das, was ein Kind oft und gerne spielt und für was es sich interessiert, kann einen Hinweis auf seinen Charakter und seine spätere Berufung geben. Wir sollten unseren Kindern viele Möglichkeiten zum Spielen einräumen, denn nur wer richtig spielen kann, kann richtig Mensch werden. Ein Kind, das in der Lage ist, sehr intensiv, mit viel Konzentration und einer hohen Ausdauer sein Spiel selbstständig zu organisieren, bringt genau diese Merkmale in seine Arbeitshaltung ein und wird ein geordneter Erwachsener.

Bewegung

"Bewegung macht beweglich
und Beweglichkeit kann manches in Bewegung setzen."
(Paul Haschek)

Kinder haben ein grundsätzliches Bedürfnis nach Bewegung. Sie bewegen sich, weil sie einfach Freude daran haben. Indem sie ihren natürlichen Bewegungsdrang ausleben, können sie ausprobieren, was alles möglich ist. Sie lernen ihren Körper kennen und bekommen ein Gefühl dafür, was sie können und was ihnen schwerfällt. Wer sich bewegt, dem fällt das Denken leichter, denn Bewegung steigert die Durchblutung des Gehirns, regt die Bildung neuer Nervenzellen an und verbessert so die kognitiven Fähigkeiten. Bekommen Kinder nicht ausreichend Gelegenheit, aktiv zu sein und sich auszutoben, findet ihre Energie kein Ventil. Dadurch kann es zu Verhaltensproblemen und Lernschwierigkeiten kommen. Gerade hyperaktive Kinder haben viel überschüssige Energie, die in konstruktive Bahnen gelenkt werden muss. Ob sie laufen, rennen, springen, klettern, schwimmen oder Ballsport treiben –

jede Art von Aktivität ist gut (für Kinder und Erwachsene) und hilft dabei, fit, schlank und gesund zu bleiben. Außerdem werden Stresshormone abgebaut, Anspannungen lösen sich und körpereigene Glücksstoffe werden ausgeschüttet. So gelangen Körper und Geist wieder ins Gleichgewicht.

"Gäbe es die Bewegung nicht, würde das Universum in sich zusammenstürzen. Bewegung ist aber nicht nur ein 'göttlicher Baustein der Welt', sondern auch eine wesentliche Ausdrucksform des Lebens und ein Symbol der Freiheit. Man sollte daher jeden Tag ein Stück auf dem Weg voranschreiten."

(Aikido-Zitat)

Menschen, die sich viel bewegen, können auch im Leben einiges bewegen.

Natur

"Man kann einen seligen, seligsten Tag haben,
ohne etwas anderes dazu zu brauchen
als blauen Himmel und grüne Erde."

(Jean Paul)

Durch die Wälder streifen, Pflanzen erforschen, Tiere beobachten, auf Bäume klettern, am Teich planschen – jede Form von Natur ist gut für das Denken und Fühlen. Der Aufenthalt in der Natur fördert die Beobachtungsgabe und schärft die sinnliche Wahrnehmung. Das Spielen in Gärten und Wiesen schenkt Kindern das Gefühl der Freiheit und Unabhängigkeit, denn sie haben die Möglichkeit, ohne Erwartungen, ohne Einschränkungen und Kontrolle selbst über ihr

Leben zu bestimmen und ihre eigenen Erfahrungen zu machen. Sie können sich austoben, ihre Fähigkeiten erproben - und sie erfahren dabei immer etwas über sich selbst, ihre Kräfte und ihren Mut. Das verhilft ihnen zu Selbstbewusstsein und kräftigt ihr Selbstvertrauen. Zudem hat der Aufenthalt in einer natürlichen Umgebung eine positive Wirkung auf die seelische Gesundheit. Psychologische Befunde belegen die heilende Wirkung von Tieren und Pflanzen auf Kinder, die in einer destruktiven Umwelt leben oder an psychischen Störungen leiden. Die Kinder werden ruhiger, die Aufmerksamkeit wird gestärkt, die Konzentrationsfähigkeit verlängert und die kognitiven Fähigkeiten verbessert. Das Wandern durch Wiesen und Felder hat eine belebende Wirkung. Es steigert die Lebensfreude, die Seele tankt neue Energie und es entsteht ein Gefühl inneren Friedens. Im intensiven Kontakt mit der Natur entfalten sich geistige, seelische und körperliche Potenziale, die Kinder zu erfüllten Menschen werden lassen.

Ruhe

Kinder werden tagtäglich mit so vielen Erlebnissen konfrontiert, dass es wichtig ist, regelmäßig eine Auszeit von den zahlreichen Eindrücken zu schaffen. Nur in der Ruhe kann der Mensch sich auf sich selbst besinnen und innerlich klar werden, damit das, was in seiner Seele aufgewirbelt wird, sich wieder setzen kann. Kinder brauchen diese Augenblicke der Stille, in denen nichts geschieht. So können sie ihre Aufmerksamkeit ganz auf ihre innere Welt lenken und ihre Gedanken ordnen. Wenn sie einfach Zeit für sich haben, um zu träumen und ihren Gedanken nachzuhängen, kann ihre Seele wieder Kraft schöpfen.

"Tagträumen ist nicht verlorene Zeit,
sondern ein Auftanken der Seele."
(Weisheit aus England)

Kinder, die voller Selbstmotivation ihre eigene Entwicklung voranbringen möchten, suchen und genießen die ruhigen Momente. Sie sind wichtig für die Festigung von Entwicklungsprozessen: Es kann zu Wachstumsschüben, wichtigen Durchbrüchen und außergewöhnlicher Kreativität kommen.

"Der Weg zu allem Großen geht durch die Stille."
(Friedrich Nietzsche)

Damit ein Kind seelisch wachsen und sich in positiver Weise entwickeln kann, braucht es ein gesundes Selbstbild, das besagt: "Ich bin gut. Ich bin in Ordnung, weil ich bin, wie ich bin." Kinder müssen sich wohl und wertvoll fühlen, unabhängig von Können und Leistung und ohne etwas dafür tun zu müssen. Dieses grundlegende Fundament "Selbstgefühl" setzt sich zusammen aus Selbstbewusstsein, Selbstakzeptanz, Selbstvertrauen, Selbstwertgefühl und dem Gefühl der Selbstwirksamkeit. Diese Komponenten entfalten sich wie die Blüten einer Blume, wenn wir die seelischen Bedürfnisse unserer Kinder erfüllen. Bekommen Kinder, was sie brauchen, führt das bei ihnen zu einer tiefen Zufriedenheit und sie tragen Glücksempfinden und Lebensfreude in sich. Dann sind sie wie die Sonnenblume, die sich immer dem Licht zuwendet.

Schaubild Sonnenblume

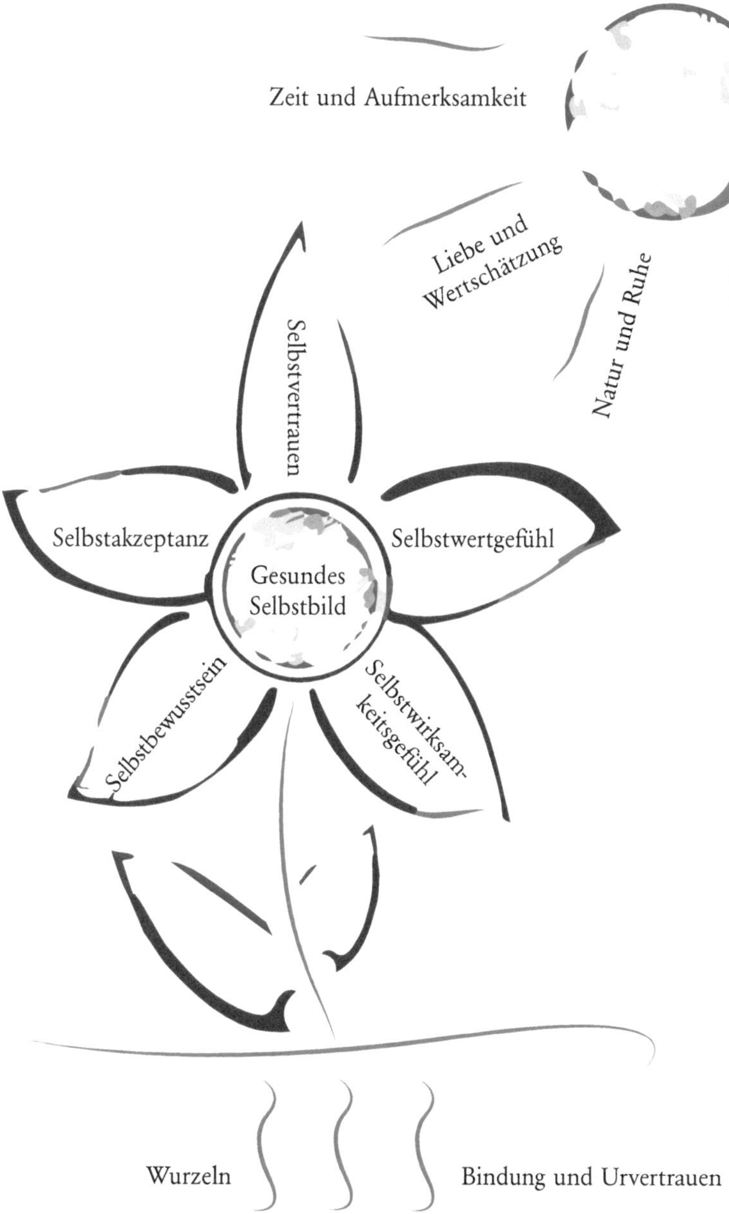

Die Komponenten kosmischer Erziehung

Selbstbewusstsein: "Ich weiß, wer ich bin und was ich kann."

Ein Kind muss seine Stärken (und Schwächen) kennen, um sich selbst richtig einschätzen zu können. Es braucht immer wieder die Rückmeldung seiner Bezugspersonen, um zu entdecken, wer es ist, welche besonderen Fähigkeiten es hat und über welches Potenzial es verfügt. Was auch immer die Menschen in seiner Umgebung ihm spiegeln - mit Worten oder durch ihr Verhalten -, beinhaltet für das Kind eine Botschaft über sich selbst. Deshalb sollten Eltern keinen Augenblick zögern, ihrem Kind mitzuteilen, was sie an ihm mögen, was sie besonders finden oder was es einfach einzigartig und unverwechselbar für sie macht. Und sie sollten ihm stets bewusst machen, wenn es etwas dazugelernt oder geschafft hat. Ein Kind, dessen Gefühle ernst genommen und dessen Wünsche respektiert werden, dem es gestattet wird, seinen eigenen Willen zu haben, altersgerechte Entscheidungen zu treffen und die Verantwortung dafür zu übernehmen, wird ein starkes Selbstbewusstsein entwickeln und voller Selbstachtung sein. Nur wer sich selbst kennt, weiß, was für ihn wichtig ist, und kann sein Leben nach seinen Bedürfnissen gestalten.

Selbstakzeptanz: "Ich mag mich und nehme mich an, wie ich bin."

Kinder brauchen viel Zustimmung aus ihrer Umgebung und sind darauf angewiesen, von mindestens einer Person gesehen und angenommen zu werden, wie sie sind. Macht ein Kind die Erfahrung, dass es in seiner Eigenart - mit seinen guten und schlechten Seiten - bedingungslos akzeptiert wird, kann es sein ganzes Wesen kennenlernen, ohne Anteile seiner Persönlichkeit verdrängen zu müssen. Kinder spüren genau, wer sich ihnen vorbehaltlos zuwendet oder ob die Menschen in ihrer Umgebung sie lieber ganz anders hätten. Werden sie in ihren Wesensmerkmalen abgelehnt, ständig zurechtgewiesen oder permanent kritisiert, dann zeigen Eltern verbal und nonverbal, dass sie eigentlich nicht zufrieden sind, und die Gefahr ist groß, dass Kinder sich selbst ablehnen und Teile ihres Wesens verdrängen. Nur wer Bejahung erlebt, kann ein positives Bild von sich selbst aufbauen. Einem Kind echt gemeinte Annahme entgegenzubringen, heißt lieben, ohne Bedingungen zu stellen, und Bewertungen loszulassen, was, wann, wie, wo zu sein hat. Und wenn das Kind spürt, dass seine guten Eigenschaften und Talente auch tatsächlich wahrgenommen werden, können diese auch zum Vorschein kommen. Ein Kind, das sich selbst mag und Freude an seiner eigenen Gesellschaft hat, wird auch von anderen Kindern gemocht und respektiert.

Selbstvertrauen: "Ich glaube an mich."

"Nichts kann den Menschen mehr stärken als das Vertrauen, das man ihm entgegenbringt."
(Paul Claudel)

Man holt das Beste aus einem anderen Menschen heraus, wenn man an ihn glaubt und ihn so behandelt, als wäre er bereits das, wozu er fähig ist. Ein Kind entwickelt Vertrauen in sich selbst, wenn die Menschen in seiner Umgebung ihm etwas zutrauen, es stets mit stärkenden Worten ermutigen und auch dann eine positive Erwartungshaltung haben, wenn bestimmte Fähigkeiten oder Verhaltensweisen noch nicht sichtbar sind. Es ist nicht ratsam, immer sofort einzugreifen, wenn ein Kind sich um etwas bemüht und vielleicht etwas länger braucht als seine Altersgenossen, und man sollte ihm auf keinen Fall etwas abnehmen, was es imstande ist, allein zu bewältigen. Jedes Mal, wenn es die Möglichkeit bekommt, seine eigene Kompetenz zu erleben, entwickelt es sich ein Stück weiter. Jedes Mal, wenn es eine Herausforderung bewältigt und seinen Mut beweisen kann, wächst es über sich hinaus. Die wiederholte Erfahrung, sich etwas zu trauen, sorgt auch für die entsprechenden Verknüpfungen im Gehirn. Das Resultat ist die Erwartungshaltung, dass "mutig sein" und "an sich glauben" ein positives Ergebnis mit ebenso positiven Gefühlen nach sich zieht. So wächst das Selbstvertrauen mit jedem Erfolgserlebnis. Nichts ist wichtiger als das, was ein Mensch von sich selbst glaubt.

"An sich selbst glauben ist ein Mittel zum Wachsen.
Denn der Mensch wird, was er glaubt.
Wenn ich mir andauernd vorsage,
ich könnte dieses oder jenes nicht,
dann werde ich in der Tat unfähig dazu.

Wenn ich dagegen fest glaube, ich werde es können,
dann bekomme ich sicher die Fähigkeit dazu -
selbst wenn ich sie anfangs nicht hatte."
(Mahatma Gandhi)

Ein Kind mit einem guten Selbstvertrauen geht davon aus, dass es über ein ausreichendes Können verfügt oder sich die benötigten Fähigkeiten aneignen kann, um etwas zu leisten. Mit Zuversicht und einem unerschütterlichen Glauben an sich selbst kann man fast alles erreichen.

Selbstwertgefühl: "Ich bin wertvoll und wichtig."

Beim Selbstwertgefühl handelt es sich um den Bedeutungswert, den ein Mensch sich selbst gibt. Ein hoher Selbstwert entsteht wesentlich durch die Wertschätzung der Eltern. Wenn sich ein Kind erwünscht und um seiner selbst willen geliebt fühlt und wenn es auf seinem Lernweg viel Ermutigung und Lob erfährt, baut sich rasch ein gesundes Selbstwertgefühl auf.

Ein niedriger Selbstwert dagegen entsteht durch dauerhaft herabsetzende Beziehungsbotschaften und die Abwertung, die ein Kind durch andere erfährt. Hält es sich für wertlos, wird sich das innere Gefühl der Wertlosigkeit in allem widerspiegeln, was ihm begegnet, was dazu führt, dass es eine grundsätzlich negative Erwartungshaltung entwickelt, die sich dann letztendlich auch in all seinen Unternehmungen bewahrheitet. Menschen, die nicht das sind, was sie hätten werden können, und die nie das erreicht haben, wozu sie eigentlich fähig gewesen wären, glaubten stets von sich, dass sie unbedeutend und nichts wert seien. Ein Beobachter beeinflusst immer das, was er beobachtet. Wie Eltern ihr Kind sehen, so sieht es sich selbst. Wenn sie ihm zu verstehen geben, dass es einzigartig und wichtig ist, wird es das Gleiche von sich denken und sich grundsätzlich als wertvoll empfinden. Ein Kind, das ein Gefühl für den eigenen Wert hat, strahlt genau das aus und veranlasst auch seine Umgebung, ihm mit Wertschätzung zu begegnen. Der Wert bezieht sich allein auf das Kind als Mensch und darf nicht von der Leistung abhängig gemacht werden. Die Bereitschaft, sich anzustrengen und sein Bestes zu geben, ist an sich schon ein voller Erfolg, selbst wenn sich das nicht immer an den Ergebnissen ablesen lässt. Hat ein Kind das Gefühl, für seine Eltern wichtig zu sein, ist es von sich aus bereit, sich anzustrengen, und motiviert, etwas zu erreichen.

"Selbstwert besitzende Kinder haben die ausgeprägte Tendenz, Aufgabenstellungen selbst schaffen zu wollen - um der Aufgabe willen und um sich selbst den Beweis zu liefern, schwierige Herausforderungen meistern zu können."

(Armin Krenz)

Selbstwirksamkeitsgefühl: "Ich kann mit meinem Verhalten etwas bewirken."

Selbstwirksamkeit ist eine durch Lebenserfahrungen gewonnene Überzeugung, die ein Mensch über sich selbst hat. Kinder jeden Alters müssen die Erfahrung machen, dass sie durch ihr Tun Dinge beeinflussen können. Wenn eine Mutter sich von den Bedürfnissen ihres Kindes leiten lässt (wenn sie zum Beispiel unverzüglich auf das Schreien ihres Babys reagiert), macht es die Erfahrung, dass es mit seinem Verhalten etwas bewirken kann und dass auf seine Wünsche und Bedürfnisse Rücksicht genommen wird. Auch wenn ein Kind innerhalb seiner Familie ein Mitspracherecht erhält, Entscheidungen treffen und Verantwortung übernehmen darf, stärkt das sein Selbstwirksamkeitsgefühl. Dieses wird später in andere Lebensbereiche übertragen, und es gelangt zu der Überzeugung, dass es auch in Zukunft beim Durchsetzen seiner Ziele stets erfolgreich sein wird.

Ein Kind, das bedingungslose Annahme erfährt, lernt sich selbst kennen und lernt, sich mit all seinen Stärken und Schwächen anzunehmen.

Ein Kind, an das geglaubt wird, lernt, an sich selbst zu glauben und kann Selbstvertrauen aufbauen.

Ein Kind, das geliebt und wertgeschätzt wird, lernt, sich selbst zu lieben und kann Selbstwertgefühl entwickeln.

Ein Mensch mit einem gesunden Selbstbild, basierend auf all den Komponenten, die sich aufgrund einer kosmischen Erziehung herausbilden - Selbstbewusstsein, Selbstakzeptanz, Selbstvertrauen, Selbstwertgefühl und das Gefühl der Selbstwirksamkeit -, kann sich selbst verwirklichen, wie eine Blume, die in ihren prächtigsten Farben blüht.

Die kindliche Entwicklung

Die Seele reist langsam

Der ehrgeizige junge Bauer
Im alten China gab es einen ehrgeizigen jungen Bauern, der sein Feld mit ertragreichem Saatgut bepflanzt hatte. Jeden Morgen schaute er auf seinem Feld nach, ob seine Saat schon aufgegangen war. Groß war seine Freude, als die ersten Halme aus der Erde kamen, er verfolgte das Wachstum seiner Pflanzen auch weiterhin, aber es dauerte ihm alles viel zu lange, er wollte so schnell wie möglich die Früchte seiner Mühen in Händen halten. Da hatte er die Idee, dass er an den Halmen ein wenig ziehen könnte, damit diese noch schneller wachsen. Gedacht, getan. Er ging auf sein Feld und zog und zupfte an jedem einzelnen Halm. Als er dann am nächsten Tag voller Erwartung auf sein Feld ging, lagen alle jungen Triebe verwelkt auf dem Boden, seine ganze Arbeit war umsonst gewesen. Diese Lektion sollte er sein ganzes Leben lang nicht vergessen. Er hatte gelernt, geduldig zu warten und der Kraft der Pflanzen zu vertrauen, statt in den natürlichen Lauf der Dinge einzugreifen. Wachstum und Entwicklung brauchen ihre Zeit, und ich erreiche

nichts Gutes, wenn ich versuche, diese Zeit zu verkürzen. (Geschichte aus: "Mit Kindern wachsen" - Spezialausgabe: Neue Perspektiven im Leben mit Kindern)

Alles Lebendige entfaltet sich nach seinem eigenen inneren Gesetz und in seiner eigenen Zeit. Die Kindheit besteht aus so vielen Eindrücken und Erlebnissen, die erst einmal verstanden, verarbeitet und in das eigene Leben aufgenommen werden müssen. Wer eine Entwicklungsstufe überspringen will, damit ein Kind früher und schneller lernt, behindert den Seelenprozess.

"Das Gras wächst nicht schneller, indem man daran zieht."
(Chinesische Weisheit)

Heute wird den Kindern gar nicht mehr die Zeit gegeben, innerlich zu wachsen und seelisch zu reifen, ohne dass jedes Detail ihrer Entwicklung und jede Kleinigkeit an ihrem Verhalten akribisch unter die Lupe genommen wird. Sofort wird darüber geurteilt, ob etwas normal ist oder nicht, anstatt der Natur ihren Lauf zu lassen und dem inneren Plan, den jedes Kind in sich trägt, zu vertrauen.

"Jedes Werden in der Natur, im Menschen, in der Liebe muss abwarten, geduldig sein, bis seine Zeit zum Blühen kommt."
(Dietrich Bonhoeffer)

Eine seelische Reife lässt sich nicht durch die Anwendung bestimmter Methoden bewirken. Die Entwicklungszeit, die Kinder brauchen, um innerlich zu wachsen, kann man auch durch noch so viele Förderangebote und Therapiemaßnahmen nicht verkürzen.

Entwicklungsprozesse laufen nach ihren eigenen Gesetzmäßigkeiten ab, und wie bei einer Pflanze geschieht auch bei einem Kind der nächste Entwicklungsschritt genau dann, wenn der richtige Zeitpunkt dafür gekommen ist.

"Ich würde die Pflanze nicht drängen, wenn ich du wäre. Eine so wachsame Pflege könnte ihr schaden. Lass die Erde nach so viel Graben ruhen und warte, bis sie trocken ist, bevor du sie gießt ... Das Blatt möchte seine eigene Richtung finden, gib ihm die Gelegenheit, das Sonnenlicht selber zu finden. Wachstum wird oft durch zu viel Stupsen und eifrige Zärtlichkeit behindert. Was wir lieben, müssen wir lernen, in Ruhe zu lassen."
(Naomi Ling Madgett)

Die kindliche Entwicklung folgt ihren eigenen Gesetzen

"In dem Samen ruht schon auf verborgene Art - als Kraft der ganzen Pflanze - das, was später aus ihm herauswächst."
(Rudolf Steiner)

Jedes Samenkorn enthält bereits alle Anlagen einer Pflanze. So wird eine Rose mit absoluter Sicherheit zu einer Rose erblühen, selbst wenn sie als Keimling nicht anders aussieht als eine Bohne. So wie eine Pflanze sich nach und nach entfaltet, bringt jedes Lebensalter des Kindes neue und ganz bestimmte Fähigkeiten hervor. Jede Entwicklungsphase benötigt ihre Zeit und spezielle Qualitäten in der Umgebung. Die Entwicklung entfaltet sich von innen heraus und muss zuerst im Bewusstsein stattfinden, ehe sie sich im Außen zeigen kann. Alle Entwicklungsschritte müssen in der richtigen Abfolge gelebt werden. Ist das nicht der Fall, muss dem Kind die Möglichkeit gegeben werden, fehlende Erfahrungen nachzuholen. Ein

Kind begibt sich von ganz allein in den nächsten Entwicklungsschritt, ohne dass ihm das von außen nahegebracht werden muss. Irgendwann beginnt es, sich zu drehen, sich aufzurichten, zu krabbeln und zu laufen, ohne dass wir das im Vorfeld mit ihm trainieren müssen. Es lernt diese Dinge, weil es das will. Kinder haben einen Instinkt für das Richtige und wissen häufig intuitiv, was ihnen guttut. Alles, was sie von sich aus gern tun, ist genau das, was sie gerade benötigen. Jedes Kind entwickelt sich individuell, und somit kann es auch keine starren Entwicklungstabellen geben, die vorgeben, was ein Kind zu welchem Zeitpunkt können muss. Jedes Kind kann nur die Dinge lernen, für die sein Gehirn bereit ist. Wollen wir es in seiner Entwicklung fördern und ihm helfen, eine bestimmte Fähigkeit zu erwerben, müssen wir uns von ihm leiten lassen und es da abholen, wo es gerade steht. Die Kunst ist, den geeigneten Zeitpunkt abzuwarten und dem Kind spielerisch nahezubringen, was es lernen soll. Anforderungen müssen dem Leistungsstand des Gehirns angemessen sein und so an ein Kind herangetragen werden, dass sie beherrschbar sind, damit es seine eigene Kompetenz erleben und möglichst positive Erfahrungen machen kann. Denn wie es etwas in der Zukunft bewertet, hängt davon ab, was es in der Vergangenheit erlebt hat.

Wir dürfen nichts fordern oder verlangen. Wir können lediglich eine geeignete Umgebung bereitstellen und stärkend und unterstützend zur Seite stehen, damit es die Entwicklungsschritte vollziehen kann, für die es bereit ist. Wir können Angebote machen und Anregungen geben, von denen es manche begeistert annehmen und interessiert aufgreifen wird, andere wiederum wird es ablehnen, weil es durch sie noch überfordert wird oder weil zum aktuellen Zeitpunkt einfach kein Interesse besteht.

Die Balance zwischen Fördern und Überfordern

"Ein Leben lang müssen wir lernen, zu integrieren und die richtige Balance zu finden. Jedes Kind ist anders, und jede neue Lebensphase verlangt neue Orientierung und neue Maßstäbe - von der Schuhgröße bis zur allgemeinen Lebenshaltung."
(Rüdiger Dahlke)

Die Balance zu finden zwischen Fördern und Überfordern ist oft gar nicht so einfach. Es gibt Erwartungen seitens der Eltern, bei denen ein Kind von vornherein keine Chance hat, diese zu erfüllen. So macht es beispielsweise keinen Sinn, einem Kind das Radfahren beibringen zu wollen, das aufgrund seiner Gehirnreife Schwierigkeiten mit der Koordination hat und die Balance noch nicht halten kann. Versuchen wir es dennoch zu erzwingen, riskieren wir, dass es ganz die Freude am Radfahren verliert und sich schließlich komplett weigert, es zu probieren - auch zu dem Zeitpunkt, wo es gemäß seiner Entwicklung reif dazu wäre. Wenn wir etwas verlangen, für das es aufgrund seines Entwicklungsstandes noch nicht in der Lage ist, führt das nur zu Enttäuschung und Resignation. Mit Zwang und Druck erreicht man nichts, außer dass es der Eltern-Kind-Beziehung schadet und das Kind eine negative Erfahrung macht, die dann möglicherweise lebenslang in Erinnerung bleibt. Es ist nicht immer eine Frage des Wollens, ob einem Kind etwas gelingt oder nicht. Erst wenn es in der Lage ist, etwas zu können, kann es das Gekonnte auch zeigen. Manche Kinder brauchen für bestimmte Entwicklungsschritte - beispielsweise im Bereich Sprache oder Motorik - einfach mehr Zeit als andere. Und es ist im Grunde nicht die fehlende Fähigkeit, die uns Schwierigkeiten bereitet, sondern dass unsere Erwartungen nicht erfüllt werden und sich die Dinge nicht so entwickeln, wie wir es gerne hätten. Geduldig auszuhalten, dass ein Kind noch nicht das beherrscht, was seine Altersgenossen können, und nicht zu wissen, zu welchem Zeitpunkt sich eine bestimmte Fähigkeit entwickelt, kann unendlich schwer sein. Gerade hier ist Gelassenheit gefragt. Eine anfängliche Schwäche ist kein lebenslanges Schicksal. Wir sollten bei zeitweiligen Verzögerungen in der kindlichen Entwicklung nicht überreagieren, denn ein mangelndes Vertrauen in die Leistungsfähigkeit des Kindes kann lebenslang blockierend wirken; und bevor wir es ständig mit seinen Unzulänglichkeiten konfrontieren und kleine Probleme zu krankhaften Symptomen machen, ist es besser, gelassen zu bleiben und Vertrauen zu haben in die dem Kind innewohnenden Kräfte, die ihm ohne unser Zutun zur Entfaltung und Entwicklung verhelfen und die dazu führen, dass plötzlich von einem Tag auf den anderen etwas möglich ist, was zu einem früheren Zeitpunkt unvorstellbar schien. Es ist die goldene Regel der kindlichen Entwicklung, einen momentanen Zustand zwar zu akzeptieren, jedoch immer offenen Geistes zu sein, dass sich ein Kind jederzeit positiv verändern kann.

"Alles geschieht zu seiner Zeit. Geduld ist Macht, mit Zeit und Geduld wird aus dem Maulbeerbaumblatt Seide."
(Chinesisches Sprichwort)

Jede Seele ist einzigartig

Kinder sind individuelle Persönlichkeiten mit unterschiedlichen Charaktereigenschaften. Von Geburt an tragen sie bestimmte Wesensmerkmale in sich und haben ihre ganz eigenen Fähigkeiten und Begabungen. Es gibt unzählige Kombinationen, und kein Kind ist wie das andere.

Temperament – so bin ich

Das Temperament bestimmt, wie ein Kind sich mit den Dingen des Lebens auseinandersetzt und wie es sich im Kontakt mit anderen Menschen verhält. Manche Kinder haben von Natur aus ein offenes Wesen, gehen aktiv auf andere Menschen zu, erkunden neugierig die Umgebung und suchen die Gesellschaft ihrer Altersgenossen. Andere wiederum sind ruhig und besonnen oder scheu und schüchtern und beschäftigen sich lieber allein. Aufgrund ihres Temperaments können sie auf die gleiche Situation ganz unterschiedlich reagieren. Während unternehmungslustige und risikofreudige Kinder neuen

Gegebenheiten aufgeschlossen gegenüberstehen, reagieren vorsichtige, zurückhaltende Kinder auf Veränderungen eher ängstlich und ablehnend. Es gibt Kinder, die sich konzentriert und ausdauernd mit einer Sache beschäftigen können und das, was sie angefangen haben, auch zu Ende führen, während andere flatterhaft von einer Tätigkeit zu nächsten übergehen, vieles beginnen, aber nichts zum Abschluss bringen. Kein Wesensmerkmal ist an sich gut oder schlecht. Jede Eigenschaft hat ihre zwei Seiten, und auch die jeweilige Situation, in der eine Eigenschaft zutage tritt und im Verhalten sichtbar wird, spielt eine Rolle. So ist Angst zum Beispiel gut, wenn sie die Kinder davor bewahrt, dass sie in Gefahr geraten. Gerade sensible und vorsichtige Kinder denken häufig gründlich nach, bevor sie handeln, und begeben sich nicht so schnell in riskante Situationen. Nachteilig dagegen ist Angst, wenn sie die Kinder daran hindert, neue Dinge auszuprobieren und dadurch positive Erfahrungen zu machen.

Das angeborene Temperament hält sich lebenslang - und dennoch: Biologie ist kein Schicksal. Bei allem Einfluss, den die genetische Veranlagung auf unsere Entwicklung hat, macht sie nicht alles aus. Unsere Umwelt formt uns ebenfalls zu den Menschen, die wir werden. Wie ein Kind sich im Einzelnen entwickelt und wie es sich verhält, hängt sowohl von seinem Charakter ab als auch davon, wie die Menschen in seiner Umgebung mit ihm umgehen. Daher ist es nicht nur wichtig, ein Kind zu kennen, sondern vor allem, es in seinem Wesen anzunehmen und das eigene Verhalten darauf abzustimmen. Je mehr man ein Kind in seinem "Sosein" akzeptiert, umso mehr Selbstbewusstsein kann es entwickeln. Je mehr Selbstbewusstsein es hat, desto eher kann es sein Leben nach seinen Bedürfnissen gestalten und all seine Möglichkeiten ausschöpfen.

Talent – das kann ich

Ein Talent ist eine bestimmte Leistungsvoraussetzung, über die ein Kind von Geburt an verfügt. Es handelt sich dabei meistens um etwas, das ihm leichtfällt - was es einfach kann, ohne sich anzustrengen oder übermäßig dafür üben oder trainieren zu müssen. Und häufig sind das auch die Dinge, die es gern tut und für die es von sich aus Interesse zeigt. Manche Kinder haben von Natur aus gute fein- und grobmotorische Fähigkeiten - sie können geschickt mit dem Ball umgehen oder schrauben alles auseinander, was sie in die Finger bekommen. Andere sind stark in Sprache und Denken, beginnen frühzeitig mit dem Reden und können sich Dinge leicht merken. Es gibt musikalisch veranlagte Kinder, die besonders schön singen oder ein Instrument beherrschen. Und wieder andere haben eine Leidenschaft für Kunst und malen gerne. Jedes Kind hat seine Stärken, seine besonderen Fähigkeiten oder bestimmte Begabungen. Doch eine angeborene Befähigung - sei sie kognitiv, motorisch, sportlich oder künstlerisch - bedeutet noch nicht, dass diese Leistungen auch tatsächlich erbracht werden.

"Einer Begabung folgen ja nicht sofort eine besondere Leistung, ein besonderes Können oder eine besondere Fähigkeit. Eine Begabung oder ein Talent ist zunächst nur eine Möglichkeit, später eine besondere Fähigkeit zu erwerben und bestimmte Leistungen zu erbringen, die sich deutlich von dem unterscheiden, was andere auf einem Gebiet sich anzueignen und zu leisten imstande sind."
(Gerald Hüther)

Es nützt wenig, wenn ein Kind sportliches Talent besitzt oder eine musikalische Begabung in sich trägt und diese Fähigkeiten aber brachliegen, weil es keine Gelegenheit erhält, sie zu entwickeln – sei es, weil sie die Menschen in seiner Umgebung gar nicht wahrnehmen oder sie aber für unbedeutend halten oder ablehnen. Stärken und Begabungen müssen gesehen und unterstützt werden, damit ein Kind diese Fähigkeiten entfalten kann.

Die Entwicklung des Gehirns

Unser Gehirn besteht aus vielen Milliarden Nervenzellen, die über Kontaktstellen (Synapsen) miteinander verbunden sind. Ständig strömen Eindrücke aus der Umwelt über die Sinne zum Gehirn, und bei jeder Interaktion reagieren tausende von Neuronen. Eine Synapse, die gebraucht wird, wird kräftiger und wirksamer, während gar nicht benutzte Nervenzellen abgebaut werden. Kinder kommen mit einem noch unfertigen, sehr elastischen Gehirn auf die Welt. In den ersten sieben Jahren findet die sensomotorische Entwicklung statt und das Gehirn ist eine reine Verarbeitungsmaschine. Eindrücke und Empfindungen werden im gesamten Nervensystem eingeordnet und haben einen nachhaltigen Einfluss auf die Hirnstruktur eines Kindes. Je jünger das Gehirn, desto anpassungsfähiger und leichter zu beeinflussen.

Das Gehirn ist ein plastisches Organ, das dadurch geformt wird, was es wahrnimmt. Das heißt, je früher und häufiger als bedeutsam empfundene Erfahrungen gemacht werden, desto stärker sind die Verschaltungen zwischen den Nervenzellen, wo die entsprechenden Erlebnisse und die damit verbundenen Gefühle dann gespeichert sind. Ohne vielfältige Erfahrungen finden im Gehirn auch keine

Entwicklungsprozesse statt. Eine angenehme Atmosphäre in einer geistig und motorisch anregenden Umgebung sowie starke, als positiv erlebte Beziehungen zu wichtigen Personen und freudvolle Erfahrungen führen zu besonders komplexen und vielfältig vernetzten neuronalen Strukturen und organisieren das Gehirn auf ganz bestimmte Weise. Da die Struktur des Gehirns später darüber entscheidet, wie jemand seine Umwelt wahrnimmt, Situationen bewertet, Beziehungen gestaltet und mit Herausforderungen umgeht, haben insbesondere Glückserlebnisse einen besonderen Wert für das weitere Leben.

Erfahrung macht klug ... Mit jeder neuen Erfahrung entstehen neue Verschaltungen im Gehirn. Durch anregende Umweltbedingungen und vielfältige Beziehungen vermehrt sich die Anzahl von Nervenzellen, und je mehr Nervenverbindungen eine Person hat, desto intensiver das kognitive Wachstum, desto größer das Lernvermögen und somit auch die Intelligenz. Diese umfasst die geistigen Fähigkeiten eines Menschen. Dazu gehören eine schnelle Auffassungsgabe, eine hohe Gedächtnisleistung und eine gute Lernfähigkeit sowie ...

"... die Fähigkeit, Probleme zu lösen und Lösungsstrategien flexibel auf neuartige Aufgabenstellungen übertragen zu können."
(Andrea Brackmann)

Wenn ein Kind sehr intelligent ist, heißt das nicht automatisch, dass seine Fähigkeiten auch zum Vorschein kommen müssen. Ob die Intelligenz eines Kindes sich entfaltet oder verkümmert, hängt weniger von seiner angeborenen Kapazität ab, als vielmehr von den Erfahrungen, die es mit seinem Umfeld macht.

"Die Frage, ob es sich sicher und geliebt fühlt oder ob es das Gefühl hat, sich gegen eine feindselige Welt schützen zu müssen,

hat tiefgreifende Auswirkungen auf die Intelligenz des Kindes ... Wenn man also intelligente, erfolgreiche und gesunde Kinder haben möchte, dann ist das Erste und Wichtigste, was passieren muss, dass man sie positive emotionale Erfahrungen machen lässt. Alles beginnt damit, dass Kinder sich bedingungslos gewollt, akzeptiert und geliebt fühlen."

(Joseph Chilton Pearce, aus der Zeitschrift "Mit Kindern wachsen")

Damit Intelligenz sich entwickeln kann, brauchen Kinder das frühkindliche Erlebnis von Geborgenheit. Sie brauchen Menschen, zu denen sie eine Resonanz haben und mit denen sie sich emotional verbunden fühlen - Menschen, die ihnen auf Augenhöhe entgegentreten und sie als gleichwertiges Gegenüber anerkennen, die ihre Besonderheiten akzeptieren, die an sie glauben und ihr Potenzial sehen und fördern.

"Im Grunde sind es immer die Verbindungen mit den Menschen, die dem Leben seinen Wert geben."

(Wilhelm von Humboldt)

Anpassung oder Rebellion?

Es gibt Menschen, die aufgrund der besonderen Verarbeitungsstrategie ihres Gehirns die Welt mit anderen Augen sehen, die anders denken und anders fühlen - und das hat auch seinen Sinn. Denn nur Menschen mit einer anderen Denkstruktur wandeln nicht auf ausgetretenen Pfaden, sondern sind imstande, neue Wege zu gehen.

"Es gibt keinen Fortschritt ohne Veränderung, und wer nicht umdenken kann, kann nichts verändern."
(George Bernard Shaw)

Zu allen Zeiten gab es unangepasste Querdenker mit einem rebellischen Geist oder Personen, denen wir bahnbrechende Erfindungen zu verdanken haben. Man denke nur an Thomas Edison, den Erfinder der Glühbirne, Alexander Graham Bell, den Erfinder des Telefons, oder Albert Einstein, den Begründer der Relativitätstheorie und klügsten Kopf aller Zeiten. Sie haben es geschafft, in bestimmten Lebensbereichen einen Wandel in der Gesellschaft herbeizuführen und das Bewusstsein der Menschen ihrer Zeit zu verändern - und nur dank ihnen hat ein Fortschritt stattgefunden. Vielleicht sollten wir das kurz bedenken, wenn wir uns über kindlichen Eigensinn beklagen, wenn wir von dem ständigen Hinterfragen und den nie enden wollenden Diskussionen genervt sind. Wenn Kinder darauf pochen, dass alles, was sie anpacken, nach ihren Vorstellungen geschieht. Wenn sie mit dem Kopf durch die Wand wollen und mit aller Macht versuchen, ihren Willen durchzusetzen. Oder wenn sie sich leidenschaftlich und voller Begeisterung mit Dingen beschäftigen, mit denen wir so gar nichts anfangen können.

Jede Gesellschaft braucht Grenzen, die nicht überschritten werden dürfen, und überall, wo Menschen miteinander leben und arbeiten, muss es Regeln geben, an die sich alle halten. Deshalb ist es wichtig, dass Kinder auch lernen, sich in bestimmten Situationen anzupassen und zu gewissen Zeiten zurückzunehmen. Aber wenn wir nicht wollen, dass unsere Gesellschaft aus angepassten Mitläufern und Duckmäusern ohne Rückgrat besteht, braucht jeder Einzelne die Möglichkeit, sich innerhalb dieser Struktur individuell zu entwickeln und gemäß seiner inneren Natur zu entfalten. Und wenn die neue Generation diese Welt besser machen soll, ist es unbedingt erforderlich, sowohl die Erziehung als auch das Schulsystem an die Kinder von heute anzupassen, statt sie weiterhin in eine vorgegebene Norm zu pressen.

"Eine neue Art von Denken ist notwendig,
wenn die Menschheit weiterleben will."
(Albert Einstein)

Schule und Lernen

Im bestehenden Bildungssystem steht die Vermittlung von Lehrstoff im Vordergrund. Doch je stärker die Kinder intellektuell gefördert werden, umso wichtiger ist es, das Gegengewicht in der Seele zu aktivieren. Die Kinder müssen vor allem lernen, sich im Leben zurechtzufinden, und dafür ist die Herzensbildung weitaus wichtiger als eine oberflächliche Ansammlung von Fakten. Gerade im zwischenmenschlichen Bereich und wenn wir im Leben auf Schwierigkeiten stoßen, hilft uns intellektuelles Wissen allein nicht weiter. Der höchste IQ und die beste Qualifikation können keinen Erfolg im Leben garantieren, wenn die emotionale Kompetenz fehlt und man mit den eigenen Gefühlen nicht umgehen kann. Und dieser Mangel lässt sich auch durch noch so viele Informationen nicht ausgleichen. Das Ziel jeder Schule sollte es sein, Menschen heranzubilden, die in der Lage sind, selbstständig zu denken, verantwortungsbewusst zu handeln und das in ihnen liegende Potenzial zu entfalten.

Die Voraussetzungen für ein erfolgreiches Lernen beim Kind

Schulreife

Der Beginn der Schulzeit ist eine wichtige Lern- und Entwicklungsphase, die sehr tiefe Eindrücke in den inneren Empfindungen eines Kindes hinterlässt. Was es beim Übergang vom Kindergarten in die Schule erlebt, wirkt prägend für alle Schwellen, die es in seinem weiteren Leben überschreitet. Was den Schulbeginn betrifft, ist gerade die Frage nach der Schulreife sowie das mit sechs Jahren vorgeschriebene Alter für die Einschulung ein seit Jahrzehnten kontrovers diskutiertes Thema. Man könnte meinen, dass die kognitiven Fähigkeiten den ausreichenden Beweis für eine gute Schulfähigkeit liefern. Doch weit gefehlt. Selbst wenn Kinder im Vorschulalter über hohe intellektuelle Fähigkeiten verfügen - wenn sie die Buchstaben beherrschen oder sogar lesen beziehungsweise rechnen können -, heißt das nicht automatisch, dass sie auch sozial reif und emotional stabil genug sind, um den Schulalltag zu bewältigen. Der kognitive Bereich allein ist keine Garantie für die Grundschulreife. Schulreif ist ein Kind dann, wenn es die notwendige Gesamtreife zur Einschulung mitbringt, das heißt, es muss körperlich, geistig und seelisch reif sein. Dazu gehören Fähigkeiten wie zum Beispiel die, sich auf neue Menschen und Situationen einlassen zu können, Gefühle ausdrücken und regulieren zu können, eigene Bedürfnisse zurückzustellen, sich an Regeln zu halten und Grenzen zu akzeptieren sowie mit Misserfolgen umgehen zu können. Die emotionale Schulreife - basierend auf emotionaler Sicherheit und einer seelischen Zufriedenheit - bildet die Grundlage für die anderen Bereiche. Kant sagt, dass alles Wahrnehmen und Lernen auf inneren Gewissheiten aufbaut, die sich auf die ganz frühen Entwicklungsphasen des Kindes beziehen. Mit inneren Gewissheiten ist das innige Vertrauen gemeint, das Kinder auf ihre Eltern richten und das sich im Lauf ihrer Entwicklung immer weiter festigt, das heißt eine stabile Mutter-Kind-Bindung, das Erlebnis von Geborgenheit und die daraus entstehende emotionale Sicherheit sind Grundvoraussetzungen für die spätere Lernbereitschaft und ein erfolgreiches Lernen.

Eine innere Ausgeglichenheit, eine seelische Zufriedenheit und eine angstfreie Grundstimmung sorgen dafür, dass sich auch andere Fähigkeiten besser entwickeln können. Ohne die emotionalen Kompetenzen werden andere Verhaltensweisen entweder gar nicht gezeigt oder nur mit großer Mühe und Selbstdisziplin aufgebracht. Armin Krenz formuliert es wie folgt:

"Viele Kinder können sich nicht konzentrieren, weil sie keine Belastbarkeit besitzen; sie können nicht folgerichtig denken, weil sie nicht in der Lage sind, Enttäuschungen zu ertragen; sie können Ereignisse und Wahrnehmungen nicht speichern, weil sie innerlich angstbesetzt sind; sie können kein Lerninteresse zeigen, weil es ihnen an Zuversicht fehlt."

Ohne Bindung kann nicht gelingen, was Bildung erreichen will. Schulreife lässt sich nicht durch den aktuell vorherrschenden Frühförderboom erreichen - indem die Kinder möglichst früh, möglichst viel intellektuell gefördert werden oder indem ihre gesamte Zeit mit organisierten Veranstaltungen verplant ist. Viel entscheidender ist es, dass Kinder eine sichere Bindung zu ihren Eltern entwickeln konnten und in den ersten Jahren eine ausreichende Befriedigung ihrer seelischen Bedürfnisse erfahren haben sowie die Möglichkeit erhalten haben, viele positive Erfahrungen zu machen, die ihr Kinderherz erfüllen.

"Die emotionale Erfahrung von Kindern, wie sie sich in Bezug auf sich selbst und die Welt um sich herum fühlen - all das hat

ungeheuer große Auswirkungen auf ihr Wachstum und ihre Entwicklung. Es bildet die Grundlage, auf der jegliches Lernen, das Erinnerungsvermögen sowie Gesundheit und Wohlbefinden basieren."

(Joseph Chilton Pearce)

Selbsterfahrung - aktiv sein und entdeckendes Lernen

"Man kann einen Menschen nichts lehren, man kann ihm nur helfen, es in sich selbst zu entdecken."

(Galileo Galilei)

Kinder lernen immer, mit jeder neuen Erfahrung - und das von Beginn ihres Lebens an. Doch Hirnverschaltungen lassen sich nicht von außen herstellen. Jedes Kind muss sein Gehirn selbst arrangieren. Deshalb brauchen Kinder die Möglichkeit, selbst aktiv zu werden und Gelerntes mit Erfahrungen aus ihrer Umgebung zu verknüpfen. Wissen kann nur ankommen, wenn die Kinder mit Herz, Hand und Verstand dabei sind.

"Alles Lernen ist Erfahrungslernen. Womit ein Kind sich beschäftigt, wovon es fasziniert, hingerissen oder erschüttert oder hocherfreut ist und was seine Körperlichkeit zugleich erreicht - all das wirbelt durch den kleinen Kopf und stellt Verknüpfungen her, die zur geistigen Wachheit führen."

(Wolfgang Bergmann)

Was die Gefühle anspricht und Begeisterung auslöst, prägt sich am sichersten ein. Wenn Kinder ihre eigene Kompetenz erleben und zu eigenen Erfolgserlebnissen gelangen, belohnt sich das Gehirn mit körpereigenen Glückshormonen, denn der Stolz über das, was ein Kind aus eigener Kraft geleistet und geschafft hat, erfüllt es mit Freude und Bestätigung.

Je stärker sich ein Kind mit Interesse und Ausdauer auf etwas konzentriert - sei es ein Gedanke oder eine Bewegung -, umso größer werden die entsprechenden Bereiche im Gehirn. Je größer die Freude am Tun und je positiver das Gefühl in einer Lernsituation, desto intensiver sind Aufmerksamkeit und Anstrengungsbereitschaft und umso höher ist der Lernerfolg.

Die Voraussetzungen für ein erfolgreiches Lernen in der Schule

Die wichtigsten Voraussetzungen für ein erfolgreiches Lernen in der Schule sind die Klassenstärke, die Atmosphäre in der Klasse und vor allem die Persönlichkeit des Lehrers.

Klassenstärke

Die Klassenstärke sollte eine Anzahl von 15 Kindern nicht überschreiten, da nur so eine individuelle Förderung der Kinder gewährleistet werden kann. Zudem ist es sinnvoll, grundsätzlich eine weitere pädagogische Fachkraft zur Unterstützung des Klassenlehrers hinzuzuziehen, die sich bei Bedarf vor allem um den emotionalen Bereich sowie um das Sozialverhalten der Schüler kümmert, aber auch einspringt, wenn sie Schwierigkeiten mit dem Lehrstoff haben. Hier gilt: Je jünger die Kinder, desto intensiver die Begleitung sowie die Unterstützung, die im Jugendalter zunehmend in den Hintergrund tritt und später in den Bereich der Jugendsozialarbeit fällt. Und auch für den Lehrer ist die personelle Unterstützung innerhalb der

Klasse eine enorme Entlastung und trägt somit zu einem stressfreieren Lernklima bei. Denn ein gestresster, genervter Lehrer überträgt seine innere Unruhe auch immer auf die Kinder.

Klassenatmosphäre

Die Atmosphäre ist das, was im Prinzip nicht sichtbar und nicht greifbar, aber mit Sicherheit für alle Beteiligten spürbar ist. Das Klima in der Klasse wird geprägt durch das Verhältnis der Kinder untereinander und die Beziehung, die der Lehrer zu den einzelnen Schülern hat. Jeder hat sicherlich schon mal die Erfahrung gemacht, wenn man einen Raum betritt und sich aus unerklärlichen Gründen unwohl fühlt, weil die dort vorherrschenden Gefühle von Ärger und Wut förmlich die Luft zerreißen. Oder man fühlt sich im Gegenteil an einem Ort besonders wohl, weil er Harmonie, Freude und Ruhe ausstrahlt. So eine ruhige, gelöste und friedliche Atmosphäre empfindet nicht nur jeder als besonders angenehm, sondern es ist auch die optimale Situation für das Lernen.

Lehrerpersönlichkeit

Der Lehrer hat großen Anteil daran, wie ein Kind den Unterricht erlebt. Mit seiner Einstellung, seiner geistigen Ausrichtung und seiner Art zu denken beeinflusst er die Atmosphäre in der Klasse und hat einen großen Anteil daran, wie die Schüler sich verhalten und was sie lernen. Ein Schüler kann noch so intelligent sein - in einer Atmosphäre der Angst, bei einem wenig empathischen Lehrer, der herzlos seinen Unterricht gestaltet und seine Arbeit als lästige Pflicht und nicht als bereichernde Berufung erlebt, wird das Kind seine Kompetenzen nicht entfalten und jegliche Lust am Lernen verlieren.

Ein guter Lehrer ist authentisch. Er ist der, der er ist, und tut, was er für richtig hält. Gerade Kinder spüren jeden Hauch von

Verlogenheit und reagieren darauf dementsprechend. Wer er ist und was er vorlebt, ist das, was in erster Linie bei den Kindern ankommt.

Ein guter Lehrer beherrscht die Kunst, bei seinen Schülern Interesse zu wecken und Begeisterung auszulösen, was wiederum nur möglich ist, wenn er selbst überzeugt ist von dem, was er tut. Seine Persönlichkeit, die Begeisterung für seinen Beruf und für das, was er den Kindern vermitteln will, ist entscheidender, als jede noch so ausgeklügelte Methode.

"In dir muss brennen, was du in anderen entzünden willst."
(Aurelius Augustinus)

Ein engagierter Lehrer kann Kindern am besten nahebringen, was sie lernen sollen, und unendlich viel erreichen - allein schon durch seine charismatische, positive Ausstrahlung.

Ein guter Lehrer ist mit sich selbst im Reinen. Denn wer mit sich selbst im Reinen ist und sein eigenes Leben im Griff hat, hat auch seine Klasse im Griff.

Ein guter Lehrer ist empathisch und fähig, die Welt mit den Augen der Kinder zu sehen. Er kann sich an seine eigene Schulzeit erinnern und weiß, was es heißt, ein Schüler zu sein.

Einen Beruf sollte man immer aus "Berufung" wählen und aus keinem anderen Grund. Jeder, der mit Kindern zu tun hat - vor allem, wenn sie noch klein sind -, hat eine überaus große Verantwortung. Denn er hat Anteil an deren Lebensweg sowie einen Einfluss darauf, wie die Kinder sich selbst sehen und die Welt um sich herum wahrnehmen. Ein guter Lehrer ist ein Lehrer aus Leidenschaft, der seinen Beruf wegen des Berufs an sich ausübt. Nicht wegen des Geldes, nicht wegen der Ferien, sondern weil er gern mit Kindern zusammen ist, ihnen etwas fürs Leben mitgeben will und sie dabei unterstützen will, auf ihrem eigenen Weg voranzukommen.

"Ein guter Lehrer wird dich nicht auffordern, das Haus seiner Weisheit zu betreten, er wird dich vielmehr an die Schwelle deines eigenen Verstandes führen."
(Khalil Gibran)

Der Rosenthal-Effekt

Eine positive Beziehung zwischen Lehrer und Schüler ist eine unabdingbare Voraussetzung für ein erfolgreiches Lernen. Durch seine innere Einstellung und seine Erwartungshaltung - was Leistung und Verhalten des Schülers angeht - übermittelt der Lehrer diesem ohne Worte eine spürbare Botschaft, die sich nicht verbergen lässt und intuitiv vom Schüler wahrgenommen wird. Zu diesem Ergebnis kam auch Robert Rosenthal in seinem Experiment aus dem Jahr 1965. Er täuschte Lehrer an Grundschulen und erzählte ihnen, bei 20 Prozent der Schüler nach einem IQ-Test ein enormes Entwicklungspotenzial festgestellt zu haben. Er zog die Namen der Kinder aber völlig willkürlich. Der Unterschied zwischen den besonderen und den gewöhnlichen Kindern existierte nur im Bewusstsein der Lehrer. Hielten diese einen Schüler für talentiert und intelligent, behandelten sie ihn anders: Sie waren geduldiger, freundlicher und gaben mehr positives Feedback, als wenn sie ihn für unfähig hielten. Die Studie hat gezeigt, dass Schüler bessere Leistungen erbringen, wenn Lehrer ihnen etwas zutrauen und eine positive Erwartungshaltung haben. Bei entsprechender Anerkennung können Kinder mit einem niedrigen IQ sogar mehr erreichen als ihre intelligenteren Altersgenossen. Voraussetzung ist: Die Schüler leisten wirklich weniger, als ihre Fähigkeiten erlauben, der Lehrer hat die Fähigkeiten der Schüler bislang unterschätzt und die Schüler haben wirklich die Einschätzung des Lehrers verinnerlicht. Ein

Kind spürt, ob der Lehrer es mag oder nicht und was er von ihm hält. Hat ein Lehrer ein fertiges Bild von einem Kind, ist es schwierig, eine Veränderung in Leistung oder Verhalten herbeizuführen. Gerade wenn es sich um eine negative Erwartungshaltung handelt, besteht die Gefahr, dass nur noch die Merkmale registriert werden, die das Vorurteil bestätigen. Diese Erwartungshaltung des Lehrers, die der Schüler auf subtile Weise aufnimmt, beeinflusst das Verhalten des Schülers und bewahrheitet sich mit der Zeit. Deshalb ist es wichtig, dass ein Lehrer einen Schüler nie ausschließlich auf seine Schwächen reduziert, sondern dass er vor allem nach seinen Stärken Ausschau hält und dass er immer wieder versucht, ihn neu zu sehen und stets offen bleibt für positive Veränderungen.

"Im Geist des Anfängers gibt es viele Möglichkeiten,
im Geist des Experten nur wenige."
(Zen-Buddhismus)

Verhaltensstörungen

Es ist schwierig, ein Verhalten als normal oder nicht normal einzustufen, denn die Anzahl unterschiedlicher Wesensmerkmale, die Kinder in sich tragen, ist groß. Ein auffälliges Verhalten weicht von dem ab, was erwartet wird oder was die Gesellschaft als normal definiert. Sobald ein Kind aus dem Rahmen fällt und nicht funktioniert wie das Rädchen im Zahnrad - weil es sich nicht an die vorhandenen Gegebenheiten anpasst oder nicht in die Gemeinschaft einfügen will -, wird es schnell als auffällig, gestört oder gar krank bezeichnet, und mit diversen Therapien wird dann umgehend versucht, das Kind an die vorherrschenden Bedingungen anzupassen. Doch so einfach ist es nicht. Nicht jedes abweichende Verhalten ist gleich eine Störung. Wie ein Kind sich verhält, ist nicht nur von seinem Charakter abhängig, sondern spiegelt auch die Erfahrungen wider, die es in seinem Umfeld macht. Sein Benehmen ist die beste Antwort auf die Umgebung, in der es heranwächst. Günther Bittner definiert Verhaltensstörungen als eine "*... in ihrem Kern ursprünglich sinnvolle Anpassung an eine gestörte Umwelt.*" Das heißt, Schwierigkeiten mit Kindern lassen sich nie isoliert betrachten. Es besteht meistens ein Zusammenhang mit der Eltern-Kind-Beziehung, den

Sozialisationsbedingungen, die in der Familie herrschen, oder den Bedingungen, denen ein Kind in der jeweiligen Umgebung ausgesetzt ist. Kein Verhalten ist an sich gut oder schlecht, und die Situation, in der ein Verhalten sichtbar wird, muss ebenso berücksichtigt werden. Zudem ist zu differenzieren, ob es sich um einen situationsübergreifenden Wesenszug des Kindes handelt oder ob ein Verhalten entwicklungsbedingt ist und phasenweise auftritt. Kinder sind nicht in der Lage, Erfahrungen ruhig und sachlich zu betrachten. Sie können häufig noch nicht mit Worten erklären, was sie bewegt, und reagieren mehr aus ihrem Gefühlserleben heraus. Was ein Kind ausdrücken will, ist dabei nicht immer offensichtlich. Bei einem störenden Verhalten handelt es sich nur um die Spitze des Eisberges. Unter der Oberfläche ist oftmals eine ganz andere Problematik verborgen, als auf den ersten Blick zu erkennen ist. Benehmen sich Kinder in irgendeiner Weise schwierig, gibt es dafür immer einen Grund, auch wenn wir diesen nicht gleich verstehen: Sie wollen signalisieren, dass sie sich körperlich oder seelisch nicht im Gleichgewicht befinden oder dass sie sich in ihrer Lebenswelt gestört fühlen und in ihrer Weiterentwicklung behindert werden. Möglicherweise ist die Art, wie wir mit ihnen umgehen, nicht der richtige Weg. Vielleicht werden ihre seelischen Bedürfnisse nicht erfüllt: Sie bekommen nicht genug Zuwendung oder erhalten zu wenig Aufmerksamkeit. Vielleicht belastet sie etwas, womit sie allein nicht fertig werden, oder sie fühlen sich durch Leistungsdruck überfordert und haben zu wenig Auszeiten und Raum für Regeneration. Es kann sein, dass sie auf innere Spannungen reagieren, die sie nicht anders verarbeiten können, oder sie brauchen ein Ventil für ihre Energie und es fehlt ihnen an Gelegenheit, ihren Bewegungsdrang auszuleben und sich auszutoben.

Mit provokativem Benehmen fordern sie uns auf, klare und eindeutige Grenzen zu setzen und konsequent auf deren Einhaltung zu bestehen. Und manchmal leben Kinder stellvertretend für die

Erwachsenen in ihrem Umfeld etwas aus, was diese nicht nach außen bringen können, und spiegeln deren unterdrückte Gefühle.

Gerade bei störenden Verhaltensweisen muss man auch immer die Umgebung in den Blick nehmen. Wen stört das Verhalten, wo und wann stört das Verhalten und was haben möglicherweise andere Menschen oder die Rahmenbedingungen damit zu tun?

Daneben hat die Perspektive des Betrachters einen enormen Stellenwert. Ob etwas als "normal" oder "anders" eingestuft wird, hängt auch immer von der Perspektive des Betrachters ab. Es spielt eine entscheidende Rolle, wie die beurteilende Person ein Kind erlebt und was sie dabei empfindet. Fast jedes kindliche Verhalten kann zum Problem werden, wenn ein anderer sich dadurch getroffen fühlt, verunsichert wird oder sich darüber ärgert. Letztlich ist entscheidend, wie ein Verhalten wahrgenommen und wie damit umgegangen wird, wobei es wenig Sinn macht, ein Kind anzuhalten, ein störendes Verhalten zu unterlassen, oder es einfach dafür zu bestrafen, ohne die Ursache herauszufinden und zu beseitigen. Doch viele Erwachsene reflektieren eher selten darüber, warum sie überhaupt ein bestimmtes Verhalten als störend empfinden oder was ein Kind mit seinem schwierigen Benehmen ausdrücken will, und sind oftmals der Meinung, wenn sich nur das Kind besser benehmen würde, wäre alles in Ordnung. Es ist immer leichter, andere zu verurteilen, als den eigenen Fehlern ins Gesicht zu sehen. Doch auch wir müssen unser eigenes Verhalten den Kindern gegenüber immer wieder neu überdenken und gegebenenfalls anpassen.

"Wenn wir bei einem Kind etwas ändern wollen,
sollten wir zunächst prüfen, ob es sich nicht um etwas handelt,
das wir an uns selbst ändern müssen."
(C. G. Jung)

Wir sind es, die mittels unserer Wahrnehmung etwas als gut oder schlecht bewerten. Bewertungen entstehen im Kopf und haben oftmals nicht das Geringste mit der Realität zu tun. Viele Probleme mit Kindern entstehen durch das Fehlen einer positiven Kraft.

Häufig richten wir unsere gesamte Aufmerksamkeit ausschließlich auf das Negative, stellen lediglich die Schwierigkeiten in den Vordergrund, während die guten Eigenschaften keine Beachtung mehr finden.

"Wir sehen die Dinge nicht, wie sie sind, sondern wie wir sind."
(Anais Nin)

Nur weil ein Kind zum aktuellen Zeitpunkt ein bestimmtes Verhalten zeigt - zum Beispiel dass es sehr unruhig ist und keine Minute stillsitzen kann oder dass es gegenüber Fremden sehr schüchtern, in vielen Situationen ängstlich ist oder schnell aggressiv wird -, muss das nicht für immer so bleiben. Wir sollten ein Kind nie ein für alle Mal auf eine aktuelle Schwierigkeit festlegen und es immer wieder neu sehen. Wir müssen immer wieder unsere Überzeugungen mit der Realität abgleichen und uns stets einen offenen Geist bewahren sowie daran glauben, dass ein Kind sich jederzeit positiv verändern kann. Kinder entwickeln sich mit hoher Geschwindigkeit. Sie werden älter und reifer. Ihre Persönlichkeit verändert sich, und was gestern so war, kann morgen schon wieder ganz anders sein.

"Vieles in der Welt geht verloren,
weil man es zu geschwind für verloren gibt."
(Johann Wolfgang von Goethe)

Die Problematik bei Tests und die Gefahr von Diagnosen

Wir – in einer vom Intellekt beherrschten und stets nach Leistung strebenden Gesellschaft – wollen immer alles erklären. Es wird kontrolliert, gemessen, getestet, verglichen. Doch nicht alles lässt sich erklären und anhand von Tests überprüfen. Wird ein Kind getestet, hat die den Test durchführende Person einen erheblichen Einfluss darauf, wie der Test abläuft und wie das Ergebnis am Ende aussieht. Es ist grundsätzlich schwierig, ein völlig unbekanntes Kind in einer künstlich hergestellten Situation zu beurteilen, und es ist durchaus möglich, dass ein Kind in einer unangenehmen Atmosphäre, bei einer Person, die ihm unsympathisch ist und der es – aus welchen Gründen auch immer – ablehnend gegenübersteht, nicht das zeigt, was es eigentlich kann. In einem kurzen Zeitraum gemachte Tests, die bestimmte Fähigkeiten feststellen oder aber Störungen diagnostizieren sollen, können kein objektives Bild zur Entwicklungssituation eines Kindes wiedergeben und nie widerspiegeln, was ein Kind wirklich kann oder weiß. Es kann zu verfälschten Ergebnissen kommen, die aber möglicherweise den weiteren Bildungsweg eines Kindes bestimmen. Nur weil Experten ein bestimmtes Urteil fällen, muss es noch lange nicht richtig sein. Einmal erstellte Diagnosen bergen in sich immer die Gefahr, dass ein Kind einen lebenslangen Stempel aufgedrückt bekommt. Solche Stigmatisierungen haben weitreichende Folgen. Die starre Festschreibung auf eine bestimmte Kategorie wirkt sich entwicklungshemmend aus und ist in jeder Hinsicht kontraproduktiv. Die Persönlichkeit des Kindes wird auf bestimmte Merkmale - in diesem Fall auf Schwächen und Defizite - reduziert, auf die dann letztlich die gesamte Aufmerksamkeit gelenkt wird. Positive Eigenschaften und Stärken treten vollkommen in den Hintergrund und werden kaum mehr wahrgenommen. Das führt früher oder später dazu, dass ein Kind das Gefühl bekommt, nicht in Ordnung zu sein, wie es ist, was wiederum sein Selbstwertgefühl sehr beeinträchtigen kann. Wichtiger als jeder Test sind die Beobachtungen von Eltern oder Menschen, die täglich mit dem Kind zusammen sind, die es über Jahre hinweg begleitet haben und in diversen Situationen und Interaktionen beobachten konnten.

Widerstand und Akzeptanz

Das Leben mit Kindern bringt viele Herausforderungen mit sich. Wir gelangen immer wieder in Situationen, die uns Probleme bereiten und in denen wir uns fragen, warum es nicht einfacher gehen und reibungsloser ablaufen kann. Immer wieder werden wir vor Schwierigkeiten gestellt, die im ersten Moment unlösbar scheinen. Ob Entwicklungsverzögerung oder Verhaltensstörung - die beiden ersten, beinahe automatisch auftretenden Reaktionen von Erwachsenen auf Probleme jeglicher Art sind Widerstand sowie eine ausschließliche Fokussierung auf das Negative. Wir neigen dazu, alles nur noch schwarz zu sehen, und machen Kleinigkeiten zu Katastrophen. Wir versuchen, Schwierigkeiten schnellstmöglich zu lösen, indem wir mit übertriebenem Aktionismus dagegen ankämpfen. Das ist oftmals einfacher, als gelassen zu bleiben und zunächst ruhig abzuwarten. Es gibt uns das Gefühl der Kontrolle über etwas, worüber wir eigentlich doch keine Kontrolle haben. Doch alles, wogegen wir Widerstand leisten, bleibt bestehen, und mit dem, was wir ablehnen, werden wir immer wieder konfrontiert. Das, worauf wir unsere Aufmerksamkeit richten, wächst und wird stärker. Das ist ein Naturgesetz. Probleme sollten keinesfalls ignoriert oder bagatellisiert werden. Aber wenn wir etwas verurteilen oder versuchen, es zu unterdrücken, verändern wir es nicht. Wir verschwenden lediglich eine Menge Energie, die sich anderweitig sinnvoller einsetzen lässt. Lienhard Valentin sagt:

"Wir können ein Problem nur selten lösen, solange wir uns auf der Ebene des Problems bewegen. Eine wirkliche Lösung können wir meist nur finden, wenn wir eine weitere Perspektive einnehmen."

Erst wenn wir loslassen, den inneren Widerstand aufgeben, uns von unseren selbst auferlegten Vorstellungen lösen und akzeptieren, dass es eben im Moment so ist, wie es ist, wenn wir unsere Aufmerksamkeit vom Problem abziehen und einen anderen Blickwinkel einnehmen, dann wird sich auch die Situation ändern. Wenn wir uns bemühen zu verstehen, warum ein Kind etwas macht und welches Bedürfnis hinter dem jeweiligen Verhalten steht (was nicht gleichzeitig bedeutet, dass man mit jedem Verhalten auch einverstanden sein muss), und wenn ein Kind sich auch verstanden fühlt, löst sich manches mit der Zeit von selbst in Wohlgefallen auf. So können wundersame Verwandlungen geschehen, allein durch das Leben und die Liebe von Menschen.

"Erst wenn du alles lieben kannst, wie es ist, kannst du es ändern."
(Swami Kaleshwar)

Wir haben in jeder Situation die Freiheit, unsere Einstellung dazu zu wählen, und nur das, was wir urteilsfrei wahrnehmen können, hat die Chance, sich ins Positive zu wandeln. "Akzeptanz ist die kreativste, positivste und intelligenteste Reaktion auf jeden neuen Moment und jede Erfahrung", schreibt Dan Millman. Dazu gehört Offenheit und die Bereitschaft, Dinge so wahrzunehmen, wie sie sind, ohne gleich ein Werturteil zu fällen. Es bedeutet anzunehmen, was jetzt ist, ohne die Vorstellung übermächtig werden zu lassen, was in Zukunft alles sein könnte. Das ist sicher nicht leicht, aber es ist möglich. Nichts geschieht ohne Grund auf dieser Welt. Das Leben stellt uns immer wieder auf die Probe. Deshalb sollte man nie mit den Umständen hadern, sondern sich vielmehr fragen, was man aus einer Situation oder aus einer Erfahrung lernen kann. Das Leiden kann ein großer Lehrmeister sein, wenn wir vom rechten Weg abgekommen sind und uns darauf besinnen sollen, was im Leben wirklich wichtig ist. Kaum etwas fördert die seelische Weiterentwicklung so, wie das Zusammenleben mit Kindern, und wir können ebenso viel von ihnen lernen wie sie von uns. Gerade dann, wenn ein Kind Verhaltensweisen zeigt, die uns missfallen, wenn Charaktereigenschaften zutage treten, die wir nur schwer akzeptieren können, wenn es Interessen entwickelt, die wir nicht teilen, oder Zukunftsvorstellungen hat, die wir nicht billigen, zeigt sich, wie groß die Toleranz, die Bereitschaft zur bedingungslosen Annahme und wie stark die Liebe ist.

"Du aber liebe mich, auch wenn ich schmutzig bin;
denn wenn ich weiß gewaschen wäre, liebten mich ja alle."
(Fjodor Dostojewski)

Der Weg der Mitte

Im Lauf der Geschichte gab es schon die unterschiedlichsten Arten von Erziehung. Während man zu Zeiten der "Schwarzen Pädagogik" glaubte, man müsse mithilfe autoritärer Methoden wie Drohungen und Prügelstrafen den kindlichen Willen brechen, folgte darauf das gegenteilige Extrem - die antiautoritäre Erziehung, eine Erziehung ohne Zwang, aber auch ohne Grenzen, was sich als ebenso nachteilig erwies wie der Laissez-faire-Erziehungsstil, bei dem Kinder im Wesentlichen sich selbst überlassen sind und aufgrund totaler Freiheit machen können, was sie wollen. Doch jede extreme Art von Erziehung ist schlecht. Deshalb vertritt die kosmische Erziehung (ähnlich wie der Buddhismus) den Grundsatz, stets den Weg der Mitte zu gehen, fernab von allen Extremen des Lebens. Es ist wie mit der Saite eines Musikinstrumentes. Ist sie zu wenig gespannt, entsteht kein schöner Klang, ist sie zu stark gespannt, kann sie reißen. Nur wenn eine Saite die geeignete Spannung hat (zwischen den Extremen), hat sie einen schönen Klang.

Gehe auf den Wegen, die dein Herz dir sagt ... zu dem, was deine Augen vor sich sehen - so heißt es in der Bibel. Kindererziehung kann schwierig sein, und wir treffen immer wieder auf Situationen, in denen wir unsicher sind und einfach nicht weiterwissen. Es existieren so viele Ratgeber mit Tipps von sogenannten Experten, die zu wissen scheinen, welche Methoden in welcher Situation die geeigneten sind. Auch wenn das hilfreich sein und der Orientierung dienen kann, sollte man nie irgendwelchen pädagogischen Ideen folgen, ohne diese zu hinterfragen, und nie gedankenlos akzeptieren, was ein anderer sagt, nur weil es vielleicht überzeugend klingt. Sogar unter Fachleuten gehen die Meinungen auseinander, und was der eine als richtig erachtet, hält ein anderer für falsch. Wir sollten stets eine gewisse Skepsis beibehalten und uns nie von Menschen verunsichern lassen, die uns aufgrund ihrer Befürchtungen Ratschläge erteilen wollen. Ebenso sollten wir Entscheidungen nie aus Angst vor negativen Konsequenzen treffen, sondern deshalb, weil wir von etwas Positivem überzeugt sind und ein gutes Gefühl dabei haben. Man sollte sich nicht beeindrucken lassen, selbst wenn alle Welt zustimmt, sich aber genauso wenig aufhalten lassen, wenn alle Welt ablehnt. Auch Spezialisten sind Menschen, die zweifellos eine bestimmte Fachkompetenz aufweisen, die aber - wie alle Menschen - ihre unbewussten Glaubensmuster und Überzeugungen haben und aufgrund ihrer Sichtweise Dinge negativ sehen oder wohlwollend beurteilen können. Eine absolute Wahrheit und den einen richtigen Weg gibt es nicht. Jedes Kind, jede Familie und jede Situation ist anders, und deshalb gibt es auch keine allgemeingültigen Erziehungsrezepte, die mit Gewissheit zum Erfolg führen. Was in einer Situation angemessen ist, lässt sich letztlich nur in der Situation selbst wahrnehmen. "Du kannst Antworten nicht im Außen finden, sondern nur im Inneren spüren (...) in den Tiefen der Seele", schreibt Heinz Grill. Die kosmische Erziehung ist eine Erziehung mit dem

Herzen, und statt sich unreflektiert auf die Ratschläge anderer zu verlassen, ist es immer besser, auf das eigene Gefühl zu hören und der Stimme des Herzens zu folgen.

"Wer sich an die Weisheit des Herzens hält und
sie als Autorität anerkennt, braucht keine anderen Autoritäten."
(Chuang Tsu)

Die Welt der Gefühle und der Umgang mit schwierigen Gefühlen

Gefühle sind die Sprache der Seele. Mithilfe unserer Gefühle nimmt die Seele Kontakt zu uns auf: Positive Gefühle signalisieren uns, was wir tun, negative, was wir lassen sollen. So steuern sie unser Leben. Gefühle geben die entscheidenden Impulse dafür, in welche Richtung gedacht und gehandelt wird, und meistens haben sie eine Entscheidung schon lange getroffen, bevor der Verstand überhaupt zu denken anfängt. Sie teilen uns mit, ob wir unserem Lebenssinn entsprechend leben oder ob wir in die falsche Richtung laufen. Nur wenn wir die Sprache der Seele verstehen und auf unsere Gefühle hören, gelangen wir auf sicherem Weg durch die Welt.

"Wer die Musik der Seele hört, beherrscht die Melodie des Lebens."
(Swami Sivananda)

Alle Gefühle sind ein Teil von uns. Auch die schwierigen Gefühle, die wir als unangenehm oder sogar als schmerzhaft empfinden - Angst, Wut, Traurigkeit - gehören zum Leben dazu. Sie sind einfach da, aber es ist nicht immer leicht, sie auszuhalten und mit ihnen umzugehen.

"Wenn ihr nicht wisst, wie ihr mit einem unangenehmen Gefühl angemessen umgehen könnt, so verfügt ihr noch nicht über die Weisheit einer Mutter, die ihr weinendes Kind einfach auf den Arm nimmt."
(Thich Nhat Hanh)

Der erste Schritt zur Entwicklung der emotionalen Kompetenz ist das Kennenlernen der eigenen Gefühle. Kinder müssen lernen, ihre Gefühle wahrzunehmen und mit ihnen in angemessener Weise umzugehen. Das heißt auch, sich ihren Mitmenschen beziehungsweise anderen Kindern gegenüber situationsadäquat zu verhalten, frei nach dem Motto: Jedes Gefühl ist erlaubt, aber nicht jede Handlung. Ganz gleich ob Freude, Traurigkeit, Wut oder Angst – nur wenn Kinder ihren Gefühlen Ausdruck verleihen dürfen, können sie sich zu seelisch gesunden Menschen entwickeln.

Aggression

Die Aggression gehört zur Natur des Menschen und ist ein durchaus positiver Bestandteil der Persönlichkeit. Es war ursprünglich der Drang, aktiv zu sein, der Wille, sich durchzusetzen und eigene Grenzen abzustecken, was wiederum wichtig ist für die Selbsterhaltung.

"Die Freiheit des Menschen liegt nicht darin, dass er tun kann, was er will, sondern, dass er nicht tun muss, was er nicht will."
(Jean-Jacques Rousseau)

Aggressive Gefühle wie Ärger, Wut und Zorn sind spontane Impulse der Ablehnung. Nur wenn Kindern gestattet wird, diese - für ihre Mitmenschen eher unangenehmen Gefühle - auszudrücken, erwerben sie die Fähigkeit, sich ihrer Umwelt gegenüber zu behaupten und nein zu sagen. Aggression ist ein Gefühl, das Kindern hilft, sich abzugrenzen, sich zu wehren und somit auch zu schützen. Gerade die Trotzphase ist eine Zeit, in der Kinder beginnen, ihre eigene Persönlichkeit zu entwickeln, und versuchen, ihren Willen durchzusetzen. Wird dieser Durchsetzungsversuch unterdrückt und der Wille des Kindes gebrochen, ist es später nicht in der Lage, sich zu verteidigen. Wer selbstbewusste und starke Kinder haben will, muss auch deren “Ich will nicht” akzeptieren, was nicht automatisch bedeutet, dass Kindern alles erlaubt ist und man mit jedem Verhalten auch einverstanden sein muss. Ebenso wichtig ist es, dass Kinder lernen, sich an Regeln zu halten und Grenzen zu akzeptieren. Wenn Eltern es schaffen, die kindliche Aggression in konstruktive Bahnen zu lenken, muss sie sich nicht zwangsläufig in destruktiven Verhaltensweisen äußern.

Traurigkeit

“Alle Tränen sind salzig, wer das begreift, kann Kinder erziehen, wer das nicht begreift, kann sie nicht erziehen.”

(Janusz Korzcak)

Tränen müssen erlaubt sein, und dabei ist es ganz egal, worüber ein Kind traurig ist: das verlorene Stofftier, das kaputte Spielzeug, wenn es einen Freund verliert oder wenn etwas Schönes zu Ende geht. Selbst wenn es sich um etwas handelt, das Erwachsene für lächerlich halten und als belanglos empfinden - Kinder dürfen auf keinen Fall am Weinen gehindert werden. Ganz im Gegenteil – man soll ihnen sogar zugestehen, so lange zu weinen, wie sie es brauchen.

"Was Seife für den Körper ist, sind Tränen für die Seele."
(Jüdisches Sprichwort)

Weinen stellt ein echtes Bedürfnis dar und Tränen haben eine heilende Wirkung. Sie helfen, seelische Spannungen abzubauen und mit emotionalem Stress fertigzuwerden. Kinder, die ihren Schmerz in den Armen ihrer Eltern ausdrücken dürfen, fühlen sich verstanden und angenommen.

Angst

Alle Menschen tragen zahlreiche Ängste in sich. Das ist gut und auch wichtig, denn die Angst lässt uns vorsichtig sein, macht uns auf Bedrohungen aufmerksam und bewahrt uns davor, dass wir in Gefahr geraten. Ebenso sind Ängste ein unverzichtbarer Bestandteil der kindlichen Entwicklung. Es gibt alterstypische Ängste, zum Beispiel die Angst vor Fremden mit etwa acht Monaten. Dabei handelt es sich um einen wichtigen Entwicklungsschritt, denn das Kind lernt, vertraute von unbekannten Gesichtern zu unterscheiden. Auch später treten entwicklungsspezifische Ängste auf, die man Kindern auch zugestehen muss und die sich mit der Zeit von selbst lösen: die Angst vor der Dunkelheit, Angst vor Monstern, Angst vor lauten Geräuschen oder die Trennungsangst. Doch wenn Ängste übermächtig werden und das Leben von Kindern zu beherrschen beginnen, kann das zu einer Beeinträchtigung der Lebensqualität führen; denn mit der Zeit kann sich daraus ein pessimistisch geprägtes Lebensgefühl entwickeln – verbunden mit der Folge, den Glauben an sich selbst zu verlieren. Laufen Kinder vor ihrer Angst davon, wird diese nur noch stärker. Nur wenn sie ihrer Angst ins Gesicht sehen, kann sie sich auflösen und aus ihrem Leben verschwinden.

"Jedes Schreckbild verschwindet, wenn man es ins Auge fasst."
(Johann Gottlieb Fichte)

Die Aufgabe der Eltern dabei ist es, Erfahrungen zu ermöglichen und Entwicklungswege aufzuzeigen. Anstatt der Angst eines Kindes nachzugeben, indem wir angstauslösende Situationen gänzlich vermeiden, ist es besser, es zu ermutigen und in dieser Situation einfühlsam zu begleiten. So hat es die Möglichkeit, neue, positive Erfahrungen zu machen und es können andere Denkmuster entstehen. Das Kind lernt, dass etwas doch nicht so schlimm ist, wie es anfangs vielleicht vermutet hatte. Einem ängstlichen Kind sollte man immer wieder bewusst machen, was es alles schon geschafft hat und in welchen Situationen es mutig war und die Angst besiegt hat. Jedes Mal, wenn es die Angst vor etwas überwindet, wächst es über sich selbst hinaus und schöpft daraus Selbstvertrauen und Selbstwertgefühl.

Nur wenn Kinder ihre eigenen innerseelischen Gefühle spüren können, sind sie auch in der Lage, sich in andere Menschen einzufühlen. Gerade im zwischenmenschlichen Bereich spielen Gefühle eine entscheidende Rolle, und Empathie ist eine wichtige Voraussetzung, damit das Zusammenleben mit anderen gelingen kann. Die biologische Grundlage für Empathie sind die Spiegelneurone. Sie helfen uns, das Fühlen und Verhalten anderer Menschen nachzuempfinden und zu verstehen. Spiegelneurone werden dann aktiv, wenn ein Mensch selbst in einer bestimmten Weise handelt, wenn er beobachtet, wie ein anderer eine Handlung vornimmt oder wenn sich der Betreffende die Ausführung dieser Handlung vorstellt.

Wir werden mit einer Grundausstattung an Spiegelneuronen geboren, die jedoch durch gute Erfahrungen gepflegt werden müssen. Durch Lieblosigkeit, Gewalt, Druck oder Angst können Spiegelneurone zerstört werden, und somit kann die Fähigkeit zur Empathie schweren Schaden erleiden. Sind bestimmte emotionale Erfahrungen für ein Kind nicht mehr auszuhalten, wird es gefühllos – ein Schutzmechanismus, um nicht physisch und psychisch zusammenzubrechen. Damit schwindet aber auch das Mitgefühl für andere Menschen. Ein Kind, das mit seinen Gefühlen nicht angenommen wird, hört irgendwann auf, diese zu zeigen. Werden Gefühle dauerhaft unterdrückt, verschwinden sie nicht einfach, sondern kommen anderweitig zum Vorschein. Sie bahnen sich ihren Weg über den Körper und äußern sich in Form psychosomatischer Beschwerden – das heißt, Kinder werden krank, ohne dass eine körperliche Ursache feststellbar ist.

Die Krankheit als Sprache der Kinderseele

Bei Kindern ist die Fähigkeit, intensive Gefühle auszuhalten und zu verarbeiten, noch sehr gering. Deshalb reagieren sie auf emotionale Belastungen häufig mit psychosomatischen Störungen, das heißt, der Körper bringt das zum Ausdruck, was die Seele sagen will. Mit den Möglichkeiten, die sie in der jeweiligen Entwicklungsstufe gerade besitzen, beschreiben sie exakt, was sie empfinden, und teilen uns mit, was sie brauchen. Jedes Symptom hat eine metaphysische Entsprechung, das heißt etwas, was in den Tiefen der Seele liegt und sich über den Körper Ausdruck verschaffen möchte, weil es anders nicht wahrgenommen wird. Dabei sind Bauchschmerzen aus Angst und Kopfschmerzen aus Überforderung die bei Kindern am häufigsten auftretenden Krankheitsbilder und können Hinweise darauf sein, dass die Seele mit Gefühlen nicht klarkommt. Rüdiger Schache erklärt in seinem Buch *Krankheit als Sprache der Kinderseele* sehr ausführlich typische Krankheiten bei Kindern und deren Bedeutung. Alle Symptome wollen uns immer darauf aufmerksam machen, dass etwas nicht in Ordnung ist – dass ein Kind Probleme hat, die es mit dem eigenen Denken nicht lösen kann, oder dass es keinen anderen Weg findet, seine Emotionen zu bewältigen.

Unkraut, das nicht mit der Wurzel entfernt wird, wächst immer wieder nach. Krankheiten sollten nie sofort mit Medikamenten unterdrückt werden, denn eine ausschließliche Symptombehandlung wird immer erfolglos bleiben, wenn die verantwortlichen Ursachen weiterhin Bestand haben. Deshalb ist eine reine Beseitigung durch Medikamente sinnlos und führt nur dazu, dass die Krankheit auf eine tiefere Ebene des Körpers verlagert wird. Früher oder später treten die Beschwerden dann an einer anderen Stelle auf. Wir müssen lernen, darauf zu schauen, was uns die Krankheit des Kindes sagen will.

Ob nun Entwicklungsverzögerung, Verhaltensstörung oder Krankheit, ausnahmslos alles hat eine Bedeutung. Und es liegt an uns herauszufinden, welche Botschaft sich dahinter verbirgt und was ein Kind damit ausdrücken will. Es reicht nicht und es ändert langfristig auch nichts, wenn wir versuchen, die kindliche Entwicklung mit künstlichen Maßnahmen voranzutreiben, wenn wir ein störendes Verhalten bestrafen oder eine Krankheit mit Medikamenten unterdrücken, ohne unter die Oberfläche zu sehen und die Botschaft der kindlichen Seele zu verstehen.

Keine Träne ist umsonst

Alle Eltern wollen, dass ihre Kinder glücklich sind, und sehen sie lieber lachen als weinen. Denn egal ob sie trauern, wütend sind oder Angst haben - wir fühlen immer mit. So gerne wir das auch tun würden - wir können unsere Kinder nicht grundsätzlich vor schmerzhaften Gefühlen bewahren. Und oftmals sind wir selbst der Grund dafür, dass sie sich ärgern oder traurig sind. Denn wir sind nicht immer in der Lage, die Eltern zu sein, die wir sein wollen, und das in die Tat umzusetzen und im Alltag zu leben, was wir uns so fest vorgenommen haben.

In der Theorie ist vieles einfach, was dann im realen Leben - wo wir neben der Kindererziehung noch andere Herausforderungen zu bewältigen haben - oft ganz anders aussieht. Theorie und Praxis sind zwei paar Stiefel, und so kann sich das, was wir gefühlsmäßig wissen und was wir letztlich tun, erheblich voneinander unterscheiden. An manchen Tagen oder in bestimmten Situationen können wir nicht wirklich für unsere Kinder da sein und das tun, was erforderlich ist, und manchmal können wir ihnen nicht geben, was sie brauchen - sei es, weil wir keine Energie mehr haben und unsere Reserven bis zum Äußersten erschöpft sind oder weil wir selbst in einer Krise stecken und mit unseren eigenen Angelegenheiten beschäftigt sind. Doch wir dürfen uns keinesfalls dafür verurteilen, dass wir unseren Kindern nicht immer gerecht werden können. Es ist unmöglich, immer alles richtig zu machen. Und selbst wenn wir im Umgang mit ihnen Fehler machen, heißt das nicht, dass sie deshalb gleich lebensuntüchtig werden. Wie ein Kind sich entwickelt oder wie es sich verhält, ist zwar größtenteils, aber nicht ausschließlich von uns abhängig. Kinder sind keineswegs nur passive Empfänger äußerer Einflüsse, sondern sie haben aufgrund ihrer Persönlichkeit und ihres Temperaments auch selbst Einfluss auf ihre Entwicklung. Kinder sind durchaus widerstandsfähig und können einiges verkraften. Sie sind imstande, Leid zu ertragen, Schwierigkeiten zu bewältigen und Probleme zu meistern.

Jedes Kind braucht Krisen, um zu reifen und sich weiterentwickeln zu können. Ohne Traurigkeit gibt es auch keine Freude, ohne Angst keinen Mut und ohne ausgestandenes Leid keine starken Kinderseelen. Es gibt Erfahrungen, die sie machen müssen, und Lektionen, die sie lernen sollen. Auch unangenehme Erlebnisse haben ihren Sinn und für das weitere Leben einen bestimmten Wert. Gerade an Problemen wächst man, und aus Krisen geht man gestärkt hervor. So stellt die schmerzlichste Erfahrung meist die größte Weiterentwicklung für die Seele dar. Aber häufig sind wir erst im Nachhinein in der Lage zu erkennen, warum etwas geschehen ist und welcher Weg dazu notwendig war.

"Der Weg durch die Wüste ist kein Umweg. Wer nicht das Leere erlitt, bändigt auch die Fülle nicht; wer nie die Straße verlor, würdigt den Wegweiser nicht."

(Friedrich Schwanecke)

Deshalb tut es den Kindern auch nicht gut, wenn wir ihnen alle Steine aus dem Weg räumen; wobei es zweifelsfrei eine Herausforderung darstellt, ein Gespür dafür zu entwickeln, welche Situationen ein Kind bewältigen kann und welche es noch überfordern. Genauso schwer ist es, die richtige Balance zu finden zwischen einem Schutz vor der Welt und der Freiheit, eigene Erfahrungen zu sammeln. Doch nur, indem sie auf ihrem Lebensweg ihre eigenen Erfahrungen machen, lernen sie, dass man Unangenehmes aushalten und schwierige Phasen überstehen kann. Und die Seele wird sich immer daran erinnern, dass trotz aller Schwierigkeiten und Probleme ein positiver Ausgang möglich ist. Am Ende wird letztlich immer alles gut, sonst ist es noch nicht das Ende.

Erziehung nach den kosmischen Prinzipien

"Das Leben wird von höheren Kräften, die weisheitsvoll arbeiten und größer sind, als menschliches Vermögen es sein kann, geleitet."
(Heinz Grill)

Es gibt mehr zwischen Himmel und Erde, als der Mensch sich vorstellen kann. Es wirken Kräfte im Universum, für die der Verstand keine Erklärung hat, die aber dennoch existieren, und es gibt kosmische Gesetze, nach denen das Leben funktioniert. Diese kosmischen Prinzipien beherrschen das Universum und sie wirken ständig - ob wir uns dessen bewusst sind oder nicht. Sie beschreiben, was die Ursachen von Ereignissen sind und welchen Einfluss wir haben auf unser Schicksal und das unserer Familie. Deshalb sollten wir auch in der Erziehung und im Zusammenleben mit Kindern den unsichtbaren Phänomenen mehr Beachtung schenken. Die kosmische Erziehung ist eine Erziehung im Bewusstsein und unter Berücksichtigung dieser kosmischen Prinzipien. Ähnlich wie im Straßenverkehr Chaos entsteht, wenn wir keine Ahnung von den Verkehrsregeln haben, entsteht Chaos in unserem Leben, wenn wir die kosmischen Regeln nicht kennen. Nur wenn wir über sie Bescheid wissen, können wir diese gezielt zu unserem Vorteil einsetzen und bewusst unser Leben gestalten.

"Das mächtigste Wesen auf diesem Planeten
ist der menschliche Geist."
(Meister Eckhart)

Die Macht der Gedanken

Gedanken sind eine sehr subtile, jedoch extrem mächtige Energieform. Jeder Gedanke, der von starken Emotionen begleitet wird, hat die Tendenz, sich zu verwirklichen. Dabei gilt: Je stärker ein Gedanke, desto stärker ist auch seine Wirkung. Alles, was auf der Welt existiert, war zuerst in Gedanken vorhanden. Die Gegenwart ist das Ergebnis vergangener Gedanken, und die Zukunft wird durch die gegenwärtigen Gedanken gestaltet. Sie sind die Ursache von allem. Sie wirken nach innen und strahlen nach außen, und sie allein sind es, die - in Verbindung mit den Gefühlen - einen Menschen formen.

"Der Geist ist alles; was du denkst, das wirst du."
(Buddha)

"Auf Dauer nimmt die Seele die Farbe der Gedanken an."
(Marc Aurel)

"Wenn ich in einem einzigen Satz meine ganze Lehre
zusammenfassen müsste, würde ich sagen:

Lass nichts Böses in deinen Gedanken sein."

(Konfuzius)

Das Prinzip der Entsprechung

Wenn wir denken, fühlen wir, und was wir fühlen, strahlen wir aus. Dabei zieht jeder das in sein Leben und in seinen Erfahrungsbereich, wofür es eine Entsprechung in seinem Inneren gibt. Und selbst wenn wir das Gleiche erleben, haben wir eine unterschiedliche Wahrnehmung von der Wirklichkeit, denn jeder Mensch kann nur wahrnehmen, wofür er eine Resonanzfähigkeit besitzt.

"Die Menge des Lichts in uns bestimmt die Klarheit unserer Sicht und die Qualität dessen, was wir betrachten, was wir sind, sagen, denken und erschaffen."

So kann ein- und dasselbe Ereignis für den einen ein Glücksfall, für den anderen eine Katastrophe sein. Und der gleiche Mensch kann für den einen der richtige und für einen anderen der falsche sein, je nach Einstellung, je nach Wahrnehmung, je nach Schwingung.

Wie wir innerlich sind, so erleben wir auch die Außenwelt. Was um uns ist, zeigt, wie es in uns aussieht. So wie ein Spiegel spiegelt uns unsere Umwelt immer nur das zurück, was wir ausstrahlen.

"Lächelst du in den Spiegel, dann lächelt er zurück – aber du musst als Erster lächeln."

Das Prinzip der Resonanz

Die Erfahrungen, die wir jeden Tag machen, und die Menschen, denen wir begegnen, sowie die Art und Weise, wie diese uns behandeln, sind das Ergebnis unserer vorherrschenden geistigen Einstellung. Sie werden durch die Gedanken und Gefühle angezogen, die wir aussenden. Jemand, der mit sich im Reinen ist, wird auch mit seinem Umfeld keine Schwierigkeiten haben, denn jedem widerfährt nur das, wozu er eine Resonanz hat. Somit tragen wir die Verantwortung für alles, was sich in unserem Leben ereignet.

"Ich schickte meine Seele aus zu suchen das Jenseits,
die Quelle. Sie kam zurück und sagte mir:
Ich selbst bin Himmel und Hölle."
(Omar Khajaam)

Jeder hat die Freiheit zu entscheiden, an was er glaubt und wie er die Welt sieht. Jeder hat die Wahl, ob er sein Leben bejammern will oder ob er seine Aufmerksamkeit auf das Gute richtet, das zweifelsfrei überall vorhanden ist, wenn man nur bereit ist, es zu sehen.

"Die Welt ist voll von kleinen Freuden, die Kunst besteht nur
darin, sie zu sehen, ein Auge dafür zu haben."
(Li Tai Phe)

Wenn Ratten entdecken, dass etwas nicht funktioniert, versuchen sie etwas anderes. Wenn Menschen erkennen, dass das, was sie tun, nicht funktioniert, suchen sie nach jemandem, dem sie die Schuld dafür geben können. Die meisten Menschen machen die Umwelt für ihre Schwierigkeiten verantwortlich und versuchen dann, die äußeren Lebensumstände zu verändern. Sie wechseln den Wohnort oder den Arbeitsplatz, oder sie suchen nach einem anderen Partner

- in der Hoffnung, dass sich dann ihre Situation verbessern und ihr Leben eine Wendung erfahren wird. Doch wenn wir nur im Außen etwas ändern, ändert sich eigentlich nichts. Früher oder später befinden wir uns genau an dem Punkt, vor dem wir einst davongelaufen sind, denn die Natur hat es so eingerichtet, dass wir so lange die gleichen oder zumindest ähnliche Erfahrungen machen, bis wir daraus gelernt und ihre Botschaft verstanden haben. Wenn wir bleiben, wie wir sind, wenn wir denken wie bisher und die Verantwortung für unsere Probleme der Außenwelt zuschieben, wird sich langfristig nichts an der bestehenden Situation ändern. Jeder Mensch kann die Umstände in seinem Leben nur verbessern, wenn er sich selbst und seine innere Einstellung wandelt, wenn er beginnt, anders zu denken und zu fühlen. Dann ändert sich die Schwingung, die er ausstrahlt, und dementsprechend auch seine Umgebung.

Alles ist Schwingung

So wie der Wind, den man nicht sieht und der doch die Blätter der Bäume bewegt, existiert im Universum eine kosmische Macht, die unser Leben beherrscht; eine unsichtbare, alles durchdringende Kraft, die nicht greifbar ist und doch mächtiger als alles andere; eine Energie, die jeder Einzelne von uns in sich trägt und mit der wir - bewusst oder unbewusst - unser Leben und das unserer Kinder gestalten. Unsere Gedanken, Gefühle, Worte und Taten werden in den Kosmos ausgesendet in Form von Schwingungen, die sich auf einer bestimmten Frequenz befinden. Gedanken - verbunden mit intensiven Gefühlen - sind die stärksten Schwingungen, die es gibt, und unsere tiefsten Überzeugungen besitzen die größte schöpferische Kraft. Schwingung ist alles. Ein Mensch auf der richtigen Schwingungsfrequenz braucht nicht zu kämpfen für sein Glück. Die Natur geht immer den Weg des geringsten Widerstandes. Und alles Gute ist immer einfach. Wer im Einklang mit den Naturgesetzen lebt, zieht ganz automatisch das Richtige zur rechten Zeit in sein Leben, ohne dafür auch nur einen Finger rühren zu müssen. In Frieden mit sich selbst und mit einem Herz voller Liebe kann einem im Leben nur Gutes begegnen.

- Je höher die Schwingung, das heißt
- je mehr wir mit uns selbst im Reinen sind,
- je bewusster wir uns sind in Bezug auf das, was wir denken und fühlen,
- je optimistischer unser Blickwinkel,
- je stärker unser Glaube,
- je positiver unsere gesamte Ausstrahlung,

umso besser, gesünder, harmonischer und erfolgreicher ist unser Leben.

"Der erhabenste Gedanke ist immer jener, der Freude in sich trägt.
Die klarsten Worte sind jene, die Wahrheit enthalten.
Das nobelste Gefühl ist jenes, das ihr Liebe nennt."
(N. D. Walsh)

Grundsätzlich gilt: Ich muss zunächst mit mir selbst im Reinen sein und mein eigenes Leben im Griff haben, bevor ich anfange, andere erziehen, belehren und führen zu wollen.

Exkurs: Die Bedeutung der elterlichen Schwingung für die Kinder

Zwischen Mutter und Kind besteht eine starke Verbindung, und Gedanken teilen sich dem Unterbewusstsein des Kindes mit. Babys und Kleinkinder sind besonders empfänglich für die Schwingungen des Umfelds und die Ausstrahlung der Menschen in ihrer Umgebung. Sie können die emotionalen Stimmungen der Erwachsenen wahrnehmen. Laut Bruce Lipton gibt es Studien, die zeigen, dass die Kinder - ganz gleich, ob sie wach sind oder ob sie schlafen - ständig auf jeden Gedanken, jedes Gefühl und jede Handlung ihrer Mutter eingeschwungen sind. Bereits vor der Geburt erzeugt die geistige Einstellung und das Verhalten der werdenden Eltern ein Energiefeld, das es nur bestimmten Seelen ermöglicht, durch sie auf die Erde zu gelangen. Ihre Ideale und Zielvorstellungen bestimmen, welche Art von Seele angezogen wird, und haben einen prägenden Einfluss auf den Charakter des Kindes. Vom Augenblick der Empfängnis an formt die Erfahrung im Mutterleib das Gehirn und bildet die Grundlage für die Persönlichkeit.

Ein kleines Kind hat noch keine eigene Gedankenaktivität, sondern wird ganz von äußeren Kräften geleitet. Die kindliche Psyche ist wie ein Schwamm, der die subtilen Energien der Eltern aufsaugt. Alle Kräfte, die in der Umwelt des Kindes wirken, nimmt es auf in seine innere Welt. Die Seele ist anfangs weit geöffnet. Es gibt noch keine Grenze zwischen innen und außen, das heißt, ein Kind kann die Regungen der eigenen Seele und die der anderen nicht auseinanderhalten und übernimmt die in der Familie vorherrschende Energie ungefiltert. Deshalb ist es unsere Pflicht, dafür zu sorgen, dass es uns gut geht und dass wir seelisch gesund sind. Mithilfe unserer positiven Ausstrahlung können wir eine harmonische Atmosphäre und eine haltgebende Umgebung schaffen, in der sich unsere Kinder wohl- und sicher fühlen.

"In einer friedlichen Familie kommt das Glück von selbst."
(Chinesisches Sprichwort)

Eine Familie, in der eine harmonische Atmosphäre herrscht und in der die Menschen liebevoll miteinander umgehen, strahlt wie ein Leuchtturm Licht in die Dunkelheit und ist ein Segen für die Gesellschaft.

Steter Tropfen höhlt den Stein – die Macht der Worte

"Auf der ganzen Welt gibt es nichts Weicheres und Schwächeres als das Wasser. Und doch: In der Art, wie es dem Harten zusetzt, kommt ihm nichts gleich."
(Aus China)

Das Wasser ist von Natur aus weich, doch es bahnt sich seinen Weg - selbst durch Gestein. Genauso wie das Wasser, das den Stein aushöhlt, ist das Wort, das wir immer wieder sagen oder hören. Worte sind stark. Sie haben die Kraft zu heilen, und sie können verletzen. Sie können Menschen aufrichten oder niederschmettern. Worte sind wie Pfeile - die, wenn sie erst einmal ausgesprochen sind, nie wieder zurückgeholt werden können. Deshalb ist es wichtig, stets darauf zu achten, was wir sagen. Es kann nämlich durchaus sein, dass schon Dinge, die wir ganz beiläufig erwähnen - und von denen wir im Nachhinein nicht mal mehr wissen, dass wir sie jemals gesagt haben -, bei einem Kind tiefe Spuren hinterlassen.

"Überlege, was du sagst. Deine Sätze sollten sein wie ein Wasserfall, klar und rein, und gewichtig wie ein Fels."
(Konfuzius)

Es ist schon fast eine Kunst, ein Gefühl für Sprache zu haben und mit Worten richtig umgehen zu können. Ein liebes Wort, gesprochen zur rechten Zeit, kann viel Gutes bewirken.

"Ein gutes Wort gibt Wärme für drei Winter."
(Aus der Mongolei)

Für Kinder überbringen Worte in erster Linie keine Informationen, sondern sie vermitteln Gefühle. Kinder achten viel mehr auf den Klang unserer Stimme als auf den rationalen Kern des Wortes. Es geht also um weit mehr als um eine positive Formulierung bei der Wortwahl. Der emotionale Gehalt hinter den Worten ist viel bedeutsamer als der eigentliche Wortlaut. Und es ist die Energie, mit der wir etwas mitteilen, worauf die Kinder letztlich reagieren.

Die Erwartungen der Eltern und sich selbst erfüllende Prophezeiungen

Was Kinder in der frühen Entwicklung in ihrem Umfeld erleben und was sie bei ihren Bezugspersonen beobachten, empfinden sie als normal und richtig. Sie haben keinen Anlass und auch noch nicht das Bewusstsein, an dem zu zweifeln, was sie wiederholt gesagt bekommen. Immer wiederkehrende Botschaften - verbal und nonverbal - übertragen sich auf die Kinder und werden zu sich selbst erfüllenden Prophezeiungen. Wenn zum Beispiel eine Mutter ihr Kind dauernd als dumm betitelt und ihm permanent das Gefühl gibt, untauglich und zu nichts nutze zu sein, wird genau das für das Kind zur unumstößlichen Wahrheit, und es beginnt mit der Zeit zu leben, was es immer wieder gesagt bekommt. Oder wie Thomas Gordon es formuliert:

"Sag einem Kind oft genug, wie schlecht es ist, und es wird mit Sicherheit schlecht werden."

Glücklicherweise ist das auch umgekehrt der Fall. Wenn wir einem Kind immer wieder seine Stärken bewusst machen und welche besonderen Fähigkeiten es hat, wenn wir es für seine Bemühungen, etwas zu erreichen, loben und anerkennen, dann wird es auch in der Lage sein, alle seine Möglichkeiten zu entfalten, und sein inneres Potenzial zu leben beginnen. Oft genug gehörte Aussagen - seien sie positiv oder negativ - werden zu inneren Wahrheiten, die unbewusst die Entwicklung eines Kindes sein ganzes Leben lang beeinflussen. Auf ähnliche Weise verhält es sich auch mit elterlichen Erwartungen. Jede Erwartungshaltung wirkt sich auf das kindliche Verhalten aus und neigt dazu, wahr zu werden. Je stärker wir in Bezug auf unser Kind an etwas glauben - ganz egal, um was es sich dabei handelt -, desto wahrscheinlicher ist es, dass es früher oder später diesen Glauben erfüllen wird.

Befürchtungen – die Schwingung der Angst

Die meisten Eltern machen sich eher Sorgen um ihre Kinder, anstatt gelassen und zuversichtlich in die Zukunft zu sehen. Das ist normal, denn das Leben hat leider auch seine Schattenseiten. Jedoch können sich Sorgen und Ängste in Art und Intensität erheblich unterscheiden. Eine gesunde Angst lässt uns vorsichtig sein und sorgt dafür, dass wir unsere Kinder davor bewahren, sich unnötig in Gefahr zu begeben. Aber wer immer Angst hat, dass seinem Kind etwas passieren könnte oder dass es ohne ihn hilflos ist und nicht zurechtkommt, signalisiert ihm damit unterschwellig, dass er ihm nichts zutraut. Befürchten wir zum Beispiel permanent, dass unser Kind in der Schule versagen und später den Anforderungen unserer Gesellschaft nicht gerecht werden könnte, wird es spüren, dass wir kein Vertrauen in seine Fähigkeiten haben und genau diese Erwartungshaltung mit der Zeit erfüllen.

Die elterliche Schwingung der Angst überträgt sich und legt sich wie ein Schleier auf die kindlichen Seelen, was wiederum ein Kind stark belasten und sein Selbstvertrauen sehr beeinträchtigen kann. Je mehr Angst die Eltern haben, umso größer ist die Angst der Kinder.

Deshalb ist es wichtig, dass wir uns nicht permanent Sorgen machen und dass die Angst - welcher Art auch immer - nicht überhand nimmt und den Alltag bestimmt. Doch im Leben mit Kindern gelassen zu sein und sich von übertriebener Besorgnis frei zu machen, ist leichter gesagt als getan. Wenn die Angst übermächtig zu werden droht, müssen wir uns bewusst machen, dass Sorgen nicht real sind. Sie existieren lediglich in unserer Vorstellung und sind ausschließlich auf die Zukunft gerichtet. Sich darüber Gedanken zu machen, was vielleicht irgendwann passieren könnte, ist Zeit- und Energieverschwendung und macht uns das Leben nur unnötig schwer. Es hindert uns daran, klar zu sehen, und die Intuition für das Kind mit seinen Bedürfnissen geht verloren.

Wir können nicht immer da sein und 24 Stunden am Tag auf unsere Kinder aufpassen. Deshalb ist es wichtig, Vertrauen zu haben - gerade in unsicheren Situationen, bei Dingen, über die wir keine Kontrolle haben - und nicht grundsätzlich immer das Schlimmste zu befürchten, sondern an das Gute zu glauben, auch wenn noch nichts davon sichtbar ist.

"Zweifle nicht am Blau des Himmels,
wenn über deinem Dach dunkle Wolken stehen."
(Aus Indien)

Während es sich bei Befürchtungen um negativen Glauben handelt, ist Vertrauen der positive Glaube daran, dass sich alles auf die bestmögliche Weise entwickeln wird.

Vertrauen – der Glaube an das Gute

Vertrauen zu haben, bedeutet loszulassen, die Kontrolle aufzugeben, in dem sicheren Glauben, dass die Seele ihren Weg selbst findet. Es ist die Gewissheit, dass unseren Kindern nie etwas widerfahren wird, was sie nicht bewältigen können, und dass sie immer geführt und beschützt werden, von der gleichen Macht, die auch die Sterne in ihre Bahnen lenkt. Die Welt ist vollkommen und alles ist gut, so wie es ist. Keine Erfahrung geschieht ohne Grund und kein Erlebnis ist umsonst. Jedes Ding hat seinen Platz in Raum und Zeit, und alles hat einen tieferen Sinn. Deshalb können wir getrost Vertrauen haben in den Fluss des Lebens, der uns trägt. Die höheren Mächte lenken unser Leben und sorgen dafür, dass alles in geordneten Bahnen verläuft.

"Habe Vertrauen zum Leben, und es trägt dich lichtwärts.
Vertraue auf dein Glück und du ziehst es herbei."
(Lucius A. Seneca)

Neben der Entwicklung eines grenzenlosen und unerschütterlichen Vertrauens zum Leben, gibt es noch etwas, das wir aktiv für die Kinder tun können - nämlich die Macht der Gedanken und die Kraft der Vorstellung nutzen, um unsere Aufmerksamkeit damit auf das

Gute und Schöne zu richten, das wir im Leben unserer Kinder haben wollen. Wenn wir in Liebe an sie denken, senden wir ihnen positive Energie, und indem wir sie gedanklich in Licht einhüllen oder ein Gebet für sie sprechen, umgeben wir sie mit einer schützenden Kraft.

"Göttliche Liebe geht dir auf all deinen Wegen voraus und macht dein Leben freudvoll, glücklich und schön. Du bist alle Zeit von der Liebe und Harmonie Gottes umgeben. Gottes Weisheit führt und beschützt dich. Gottes Wege sind wunderbar, und seine Methoden sind sicher. Gott macht einen Weg, wo keiner ist. Der Boden, auf dem du stehst, ist heiliger Boden, und du findest rasch in den göttlichen Plan deines Lebens, wo alle Verhältnisse immer vollkommen sind. Verbunden mit der kosmischen Quelle und der Kraft des Universums bist du nach außen frei, nach innen geschützt und führst ein herrliches, gesegnetes, gesundes, erfolgreiches und magisch unverwundbares Leben."

"Jedes Tal hebt sich, jeder Berg und Hügel senken sich. Was krumm ist, wird gerade, was hügelig ist, wird eben."
(Jesaja 40,4)

Noch wirkungsvoller als Worte sind Bilder, die wir vor unserem inneren Auge entstehen lassen und ins Universum hinausstrahlen - begleitet von den positiven Gefühlen, die wir hätten, wenn eine Vorstellung sich realisiert hätte und etwas Gewünschtes bereits eingetreten wäre.

Die Kraft der Imagination

In Experimenten wurde zweifelsfrei nachgewiesen, dass mentale Bilder eine vergleichbare Wirkung haben wie reales Tun. Für das

Gehirn macht es keinen Unterschied, ob sich etwas tatsächlich ereignet und wir wirklich etwas ausführen oder ob wir uns etwas nur vorstellen. Aus diesem Grund kann bereits die Vorstellungskraft dazu führen, dass sich Dinge zu realisieren beginnen.

"Sein, bevor man ist. Haben, bevor man hat. Empfangen, bevor man es sichtbar besitzt."
(Andreas Campobasso)

Durch einen innerlich getroffenen festen Entschluss - indem wir ganz genau wissen, was wir für unsere Kinder wollen, und indem wir uns bildlich vorstellen, wie etwas idealerweise aussehen sollte, beispielsweise wie das Kind sich in einer konkreten Situation verhält oder eine bestimmte Aufgabe meistert - bereiten wir den Boden dafür, dass es sich verwirklichen kann. Mithilfe unserer Vorstellungskraft können wir für uns und unsere Kinder ein besseres Leben erschaffen - eine Vision von dem, was sein soll.

"Vision ist die Kunst, Unsichtbares zu sehen."
(Jonathan Swift)

Sollte es dennoch so sein, dass es anders kommt als erwartet, wenn also das momentane Ergebnis oder die aktuelle Situation von der Vision abweicht - das Geheimnis des Erfolges besteht letztlich darin, nie vollkommen auf etwas ganz Bestimmtes fixiert zu sein, sondern stets offen zu bleiben für andere Möglichkeiten, die zu diesem Zeitpunkt die bessere Alternative darstellen. Auch wenn wir im Moment des Geschehens keine Erklärung dafür haben und nicht nachvollziehen können, warum sich etwas auf eine bestimmte Art und Weise und nicht anders ereignet hat, können wir sicher irgendwann den tieferen Sinn dahinter verstehen.

Das Prinzip von Ursache und Wirkung

Nichts geschieht zufällig. Alles, was wir tun (oder nicht tun), hat Folgen. Jede Aktion erzeugt eine Energie, die mit gleicher Intensität zum Ausgangspunkt zurückkehrt, wobei die Zusammenhänge äußerst subtil und häufig gar nicht mehr nachzuvollziehen sind. Unsere Gedanken, Worte und Taten hinterlassen Spuren in uns selbst und wirken sich auf das ganze Universum aus; auch wenn niemand es sieht, strahlt ein liebevoller Gedanke doch eine Energie aus, die durch das ganze Weltall hindurch spürbar ist und tausende von Menschen beeinflusst.

"Was ein Mensch an Gutem in die Welt hinausgibt,
geht nie verloren."
(Albert Schweitzer)

Alles hängt und schwingt zusammen. Wer einen Stein wirft, verändert das Universum.

Jede Entscheidung verändert die Zukunft

"Jeder Tropfen, jeder Impuls, jeder Gedanke,
jedes Tun zieht Kreise, dessen Auswirkungen du
in diesem Moment nicht einmal erahnen kannst."
(Unbekannter Verfasser)

Man sagt, der Flügelschlag eines Schmetterlings kann auf der anderen Seite der Welt einen Wirbelsturm auslösen. Bereits kleine Abweichungen können langfristig ein ganzes System vollständig und unvorhersagbar verändern - wie ein Stein, den man ins Wasser wirft und der um sich herum Wellen erzeugt, die sich nach und nach immer weiter ausbreiten. Selbst wenn beispielsweise Energiewellen für unser Auge unsichtbar sind, haben sie dennoch weitreichende Konsequenzen. So zart und subtil wie der Flügelschlag eines Schmetterlings kann eine einzige scheinbar unbedeutende Entscheidung dem Leben eine ganz andere Richtung verleihen. Wir können uns nicht nicht entscheiden. Wir müssen uns immer bewusst für irgendetwas entscheiden, wenn wir selbst über unser

Leben bestimmen wollen - und jede Entscheidung, die wir treffen, zeigt Auswirkungen in unserem Leben und in dem unserer Kinder. Ob es nun darum geht, in welchen Kindergarten sie gehen, welche Schule sie besuchen, wie ihre Freizeitgestaltung aussieht und welche Erfahrungen wir ihnen insgesamt ermöglichen oder die Entscheidung, wie viel Zeit wir ihnen widmen und wie viel Energie wir investieren - alles beeinflusst die Gegenwart und auch ihre Zukunft. Um welche Entscheidung es sich auch handelt und was wir uns auch vorstellen - sind wir felsenfest von etwas überzeugt, wird es auch eintreten, selbst wenn noch nichts davon sichtbar ist, und es kann durchaus sein, dass sich schon durch einen festen inneren Entschluss die äußeren Umstände von selbst verändern.

"Der Anführer eines großen Heeres kann besiegt werden.
Aber den festen Entschluss eines Einzigen kannst du
nicht wankend machen."
(Konfuzius)

Zufälle gibt es nicht

Im Universum herrscht eine Ordnung, mit Gesetzen, nach denen alles geregelt ist.

Schicksal, Glück oder Pech, wie wir es verstehen - als etwas Übermächtiges, worauf wir keinen Einfluss haben -, gibt es nicht. Alles ist möglich, und auch Wunder gibt es immer wieder. Doch auch sie sind kein Produkt des Zufalls. Wir bezeichnen sie deshalb als "Wunder", weil sie extrem selten auftreten, weil sie sich wissenschaftlich nicht nachweisen lassen und rational nicht zu erklären sind. So beweisen zum Beispiel Spontanheilungen vermeintlich todkranker Menschen, die ihre Krankheit besiegt haben (obwohl sie von den Ärzten längst aufgegeben worden waren), dass Menschen zu Außergewöhnlichem fähig sind, wenn ihre Vision klar, der Entschluss fest, der Wille groß und der Glaube stark genug sind. Jeder Mensch trägt die Kraft in sich, sein Leben nach seinen Wünschen zu gestalten.

"Was diese Kraft ist, kann ich nicht genau sagen;
auf jeden Fall weiß ich, dass sie existiert und dass sie
einem Menschen verfügbar wird, wenn er genau weiß,

was er will, und entschlossen ist,
nicht aufzugeben, bis er es erreicht hat."
(Alexander Graham Bell)

"Erfolg oder Versagen ist eher die Folge unserer
geistigen Einstellung als unserer geistigen Fähigkeiten."
(Walter Scott)

Erfolgreiche Menschen haben die richtige innere Einstellung. Sie kennen ihre Stärken und wissen, was sie wollen. Sie haben große Visionen und sind in der Lage, mithilfe ihrer Vorstellungskraft das Gewünschte schon vorher im Geist zu sehen.

"Um das Innere im Außen zu erschaffen, muss im Inneren
zuerst etwas klar Definiertes vorhanden sein. Je vollkommener
die Struktur unseres bewussten Inneren, desto
vollkommener wird das Äußere."
(Andreas Campobasso)

Sie zeichnen sich aus durch einen unbeirrbaren Glauben an sich selbst und haben den Mut, das scheinbar Unmögliche zu wagen.

Die Gedanken und Gefühle, der Wille und der Glaube sind die entscheidenden Waffen, die den Erfolg im Leben sichern, wenn man sie bewusst einzusetzen und sie gezielt zu nutzen weiß. Sie ermöglichen es uns, Herr über das eigene Schicksal und Meister unseres Lebens zu werden.

"Nicht der Wind, sondern das Segel bestimmt die Richtung."
(Chinesisches Sprichwort)

Wir müssen also keineswegs hilflos danebenstehen und unbeteiligt zusehen, was sich im Leben unserer Kinder ereignet (in der Annahme, dass wir sowieso machtlos sind und nichts ändern können). Welche Erfahrungen unsere Kinder überwiegend machen und auf welche Menschen sie treffen, hat größtenteils auch damit zu tun, wie wir sind. Unsere Gedanken und unsere Erwartungen tragen entscheidend dazu bei, ob sie Situationen mit Leichtigkeit meistern oder ob sie viele Stolpersteine auf ihrem Weg vorfinden und immer wieder in Schwierigkeiten geraten. Wir haben die Möglichkeit, mithilfe einer optimistischen Lebenseinstellung und einer zuversichtlichen geistigen Ausrichtung - mit guten Gedanken und positiven Gefühlen - bewusst ein geeignetes Umfeld zu schaffen. Und wir haben einen bedeutenden Einfluss darauf, wie die Kinder sich selbst sehen und die Welt wahrnehmen. Was wir von ihnen halten und wie wir mit ihnen umgehen, nehmen sie in ihr Innerstes auf, und was in der Seele von Kindern lebt, strahlen sie nach außen. Wenn sie also positive Erfahrungen machen und wenn sie Menschen um sich haben, die ihnen guttun, die sich für sie einsetzen und an sie glauben, ist das kein Zufall, sondern es liegt an ihrer Schwingung - einer Schwingung, für die wir zunächst die Basis legen und somit die Verantwortung tragen. Und je älter sie werden, umso mehr sind sie selbst verantwortlich für alles, was ihnen im Leben begegnet. Deshalb ist es wichtig, dass sie Bescheid wissen über die kosmischen Prinzipien und dass wir ihnen dieses Wissen um die geistigen Kräfte vermitteln, sobald sie in der Lage sind, es zu verstehen.

"Wenn es [das Kind] früh die Macht seiner Gedanken auf seinen eigenen Körper und sein Umfeld und auf die Qualitäten seines Lebens kennenlernt, so ist es wie eine göttlich sprudelnde Quelle, die immer ihre Reinheit behält."

(Bärbel Mohr)

Kinder müssen die Macht ihrer Gedanken und Gefühle kennen und sich der Bedeutung ihrer Ausstrahlung bewusst sein - im Hinblick auf die Menschen, denen sie begegnen, und auf die Situationen, die ihnen widerfahren. Ihnen muss klar sein, dass das Leben kein unabänderliches Schicksal ist, das nach dem Zufallsprinzip funktioniert, sondern dass sie die kosmische Kraft in sich tragen, ihr Leben selbst in die Hand zu nehmen, ihre Wünsche zu verwirklichen und ihre Träume zu leben. Dann sind sie wahre Glückskinder.

Zusammenfassung

Kosmische Erziehung

Kosmische Erziehung ist eine Erziehung für die Seele,
die auf diese Welt gekommen ist, um ihre Bestimmung zu erfüllen.

Kosmische Erziehung ist eine ganzheitliche Erziehung,
die neben Körper und Geist vor allem die Gefühle
in den Vordergrund stellt.

Kosmische Erziehung ist vor allem Selbsterziehung,
die nie die Weiterentwicklung der eigenen Persönlichkeit
außer Acht lässt.

Kosmische Erziehung ist eine Erziehung,
die das eigene Vorbild als einzig wahres Erziehungsmittel
ansieht und einsetzt.

Kosmische Erziehung ist eine Erziehung
im Bewusstsein und unter Berücksichtigung

der kosmischen Prinzipien,
die unser Universum beherrschen und
nach denen das Leben funktioniert.

Kosmische Erziehung ist eine Erziehung,
die stets den "Weg der Mitte" geht,
fernab von allen Extremen des Lebens.

Kosmische Erziehung ist eine Erziehung,
bei der wir grundsätzlich auf das innere Gefühl hören
und der Stimme des Herzens folgen.

"Mit jedem Kind beginnt die Welt neu."
(Chinesisches Sprichwort)

Kinder sind das Wertvollste, das wir haben. Sie sind ein Geschenk des Kosmos und des Lebens an sich selbst. Mit einer kosmischen Erziehung - mit der wir die Kinder zu dem werden lassen, was sie sein können - machen wir sie zu Glückskindern, die ihren Platz in der Welt finden und ein sinnerfülltes Leben führen. So können all die kleinen Seelen ihr Licht in das Universum hinausstrahlen lassen und diese Welt erhellen, so dass es irgendwann keine Dunkelheit mehr gibt ...

Literaturverzeichnis

Abend, Matt Galan: Leben Sie, statt zu funktionieren. In innerer Ruhe und Souveränität Glück und Wohlstand aufbauen. MVG 2005

Aron, Alaine, N.: Das hochsensible Kind. Wie Sie auf die besonderen Bedürfnisse und Schwächen Ihres Kindes eingehen. MVG 2010

Ayres, Jean A.: Bausteine der kindlichen Entwicklung: Die Bedeutung der Integration der Sinne für die Entwicklung des Kindes. Springer 2002

Bäcker-Braun, Katharina: Kluge Babys, schlaue Kinder. Grundlagen, Spiele und Ideen zur Intelligenzentwicklung. Don Bosco 2008

Bauer, Joachim: Das Gedächtnis des Körpers. Piper 2009

Bauer, Joachim: Warum ich fühle, was du fühlst. Heyne 2009

Bergmann, Wolfgang: Lasst eure Kinder in Ruhe. Gegen den Förderwahn in der Erziehung. Kösel 2012

Bittner, Günter: Problemkinder. Vandenhoeck & Ruprecht 1996

Brackmann, Andrea: Jenseits der Norm - hochbegabt und hochsensibel. Klett Cotta 2005

Campbell, Ross: Kinder sind wie ein Spiegel. Ein Handbuch für Eltern, die ihre Kinder richtig lieben wollen. Francke 2007

Campobasso, Andreas: Das Prinzip: Geheimnis zur Erschaffung der gewünschten Realität. Nietsch 2009

Cooper, Diana: In Licht und Liebe leben. Entdecke, wozu du bestimmt bist, und tue es. Heyne 2006

Cooper, Diana: Die Kraft des inneren Friedens. Heyne 2007

Dahlke, Rüdiger: Die Schicksalsgesetze. Arkana 2009

Dahlke, Rüdiger: Krankheit als Sprache der Kinderseele. Goldmann 1997

Damm, Marcus/Damm, Astrid: Nutze dein Charisma und es ist egal, wer vor dir steht. Direktive Kommunikation. Junfermann 2009

Dyer, Wayne: Ändere deine Gedanken und dein Leben ändert sich. Arkana 2008

Dyer, Wayne: Das Glück der positiven Erziehung. MVG 1989

Dykstra, Ingrid: Wenn Kinder Schicksal tragen. Kindliches Verhalten aus systemischer Sicht verstehen. Kösel 2007

Engelbrecht, Sigrid: Lass los, was deinem Glück im Weg steht. Gräfe und Unzer 2009

Fassbender, Ursula/Schumacher, Holger: Starke Kinder wehren sich. Die Prävention gegen Gewalt. Das Kindersicherheitstraining. Kösel 2008

Faulstich, Joachim: Das Geheimnis der Heilung. Wie altes Wissen die Medizin verändert. Mens Sana/Knaur 2010

Gaschler, Frank und Gundi: Ich will verstehen, was du wirklich brauchst. Kösel 2009

Gebauer, Karl/Hüther, Gerald: Kinder brauchen Wurzeln. Walter 2001

Gopnik, Alison: Kleine Philosophen: Was wir von unseren Kindern über Liebe, Wahrheit und den Sinn des Lebens lernen können. Ullstein 2009

Gordon, Thomas: Familienkonferenz. Hoffmann und Campe 1972

Grill, Heinz: Erziehung und Selbsterziehung. Die Seele als schöpferisches Geheimnis der werdenden Persönlichkeit. Lammers-Koll 2001

Grill, Heinz: Ernährung und die gebende Kraft des Menschen. Lammers-Koll 2008

Griscom, Chris: Der Weg des Lichts. Spiritualität und Erziehung. Goldmann 1989

Grün, Anselm/Altmann, Petra: Klarheit, Ordnung, Stille. Was wir vom Leben im Kloster lernen können. Mosaik 2009

Hartzell, Mary/Siegel, Daniel, J.: Gemeinsam leben, gemeinsam wachsen. Arbor 2009

Hay, Louise L.: Gesundheit für Körper und Seele. Ullstein 2005

Hehenkamp, Carolina: Der Indigo-Ratgeber. Schirner 2008

Hofmann, Brunhild: Finde dein inneres Gleichgewicht. Die beglückende Verbindung von Gehirn und Herz. Koha 2010

Hüther Gerald/Hauser, Uli: Jedes Kind ist hochbegabt. Knaus 2012

Hüther, Gerald/Roth, Wolfgang/von Brück, Michael. Damit das Denken Sinn bekommt. Herder 2008

Juul, Jesper: Was Familien trägt. Werte in Erziehung und Partnerschaft. Kösel 2008

Kabat-Zinn Jon und Myla: Mit Kindern wachsen. Die Praxis der Achtsamkeit in der Familie. Arbor 2007

Khema, Ayya: Was du suchst, ist in deinem Herzen. Der Weg zur inneren Klarheit. Herder 2001

Köhler, Henning: Von ängstlichen, traurigen und unruhigen Kindern. Grundlagen einer spirituellen Erziehungspraxis. Freies Geistesleben 2009

Köller, Isabel: Bullerbü ist überall. Das Geheimnis von Kinderglück und stressfreiem Familienleben. Campus 2008

Koepke, Hermann: Das siebte Lebensjahr. Die Schulreife. Verlag am Goetheanum 2005

Koneberg, Ludwig/Gramer-Rottler, Silke: Verkannte Genies. Wenn Kinder in der Schule scheitern. Kösel 2010

Koneberg, Ludwig/Gramer-Rottler, Silke: Das bewegte Gehirn. Kösel 2012

Krenz, Armin/Klein, Ferdinand: Bildung durch Bindung. Vandenhoeck & Ruprecht 2012

Krenz, Armin: Ist mein Kind schulfähig? Ein Orientierungsbuch. Kösel 2010

Krenz, Armin: Kinderseelen verstehen. Verhaltensauffälligkeiten und ihre Hintergründe. Kösel 2012

Krenz, Armin: Kinder brauchen Seelenproviant. Was wir ihnen für ein glückliches Leben mitgeben können. Kösel 2011

Kühlewind, Georg: Sternkinder. Kinder, die uns besondere Aufgaben stellen. Freies Geistesleben 2009

Kümpel, Margarete: Typisch Einzelkind. Urania 2009

Leo, Sigrid: Zauberworte über Kinder. Ars edition 2002

Leuze, Julie: Empfindsam erziehen. Tipps für die ersten 10 Lebensjahre des hochsensiblen Kindes. Festland 2010

Lhotzky, Heinrich: Die Seele deines Kindes. Langewiesche 1920

Lienhard, Valentin: Mit Kindern neue Wege gehen. Arbor 2005

Link, Manfred: Psychische Störungen bei Kindern. Rowohlt 1994

Lipton, Bruce H.: Intelligente Zellen. Wie Erfahrungen unsere Gene steuern. Koha 2010

Louv, Richard: Das letzte Kind im Wald. Beltz 2011

Markway, Barbara G./Markway Gregory P.: Kinderängste und Schüchternheit überwinden. Beltz 2012

Mc Kenna, Paul: Ein neues Leben in sieben Tagen. Arkana 2007

Menzel, Stefanie: Mit der Welt in Resonanz. Schirner 2009

Meijs, Jeanne: Problemkindern helfen durch Spielen, Malen und Erzählen. Ein Ratgeber für Eltern und Erzieher. Urachhaus 2009

Merkle, Rolf/Wolf, Doris: Verschreibungen zum Glücklichsein. Pal 2001

Molinari, Paola: Leben, statt zu funktionieren. So nutzen Sie die Kraft der Intuition. Gräfe und Unzer 2010

Millman, Dan: Die Weisheit des friedvollen Kriegers. Die Vollendung auf dem Pfad der Selbstverwirklichung. Ansata 2007

Mohr, Bärbel: Lichtkinder. Koha 2005

Mora, Eva-Maria: Quantum Engel Kinder. Rat und Heilung für Lichtkinder, für ihre Eltern und Lehrer. Ansata 2008

Napthali, Sarah: Der kleine buddhistische Erziehungsratgeber. Fischer 2003

Nienstedt Monika/Westermann Armin: Pflegekinder und ihre Entwicklungschancen nach frühen traumatischen Erfahrungen. Klett Cotta 2007

Prekop, Irina/Schweizer, Christel: Kinder sind Gäste, die nach dem Weg fragen. Kösel 2010

Richter, Kurt, A.: Sich ändern - statt ärgern. Vom Umgang mit turbulenten Gefühlen. Vianova 2008

Röhr, Heinz-Peter: Die Angst vor Zurückweisung. Hysterie verstehen. Patmos 2007

Rogge, Jan-Uwe/Mähler, Bettina: Irgendwie anders: Kinder, die den Rahmen sprengen, und wie man mit ihnen umgeht. Rororo 2004

Schäfer, Thomas: Wenn Liebe allein den Kindern nicht hilft. Knaur 2006

Schache, Rüdiger: Die 7 Schleier der Wahrheit. Nymphenburger 2009

Schmidt-Traub, Sigrun: Selbsthilfe bei Angst im Kindes- und Jugendalter. Hogrefe 2010

Schüler, Doris: Schüchterne Kinder stärken. Amondis Verlag 2012

Sharamon, Shalila/Baginski, Bodo: Einverstanden sein. Die Erlösung des Schattens. Windpferd 2004

Sivananda, Swami: Kraft der Gedanken. Mangalam Books 2012

Solter, Aletha J.: Auch kleine Kinder haben großen Kummer: Über Tränen, Wut und andere starke Gefühle. Kösel 2000

Stöcklin-Meyer, Susanne: Was im Leben wirklich zählt. Mit Kindern Werte entdecken. Mosaik 2009

Tepperwein, Kurt: Meine Beziehung zu mir selbst. MVG 2010

Ulsamer, Berthold: Ohne Wurzeln keine Flügel. Die systemische Therapie von Bert Hellinger. Arkana 1999

Valentin, Lienhard/Kunze, Petra: Die Kunst, gelassen zu erziehen. Buddhistische Weisheit für den Familienalltag. Gräfe und Unzer 2011

Valentin, Lienhard: Mit Kindern neue Wege gehen. Arbor 2005

Von Heydebrand, Caroline: Vom Seelenwesen des Kindes. Mellinger 1997

Weber, Andreas: Mehr Matsch. Kinder brauchen Natur. Ullstein 2012

Zimmer, Katharina: Widerstandsfähig und selbstbewusst. Kinder stark machen fürs Leben. DTV 2009

Zimpel, Andre Frank: Lasst unsere Kinder spielen! Der Schlüssel zum Erfolg. Vandenhoeck & Ruprecht 2012

Über die Autorin

Nicole Andersch, geboren 1979, ist verheiratet und Mutter von zwei Kindern. Nach der Ausbildung zur Handelsfachwirtin und dem Pädagogikstudium arbeitete sie als freiberufliche Dozentin mit lese- und rechtschreibschwachen Kindern, unterrichtete Jugendliche und betreute junge Menschen während ihrer Ausbildung.

256 Seiten, 2-farbig, broschiert
ISBN 978-3-89845-394-3
€ [D] 16,95

Jessica Lütge

Die spirituelle Schatzkiste für Familien

111 Ideen und Spiele

In diesem Buch erfahren Sie mit Ihrer Familie, wie Sie sich gemeinsam wahrnehmen und spüren, sich spielerisch und lichtvoll vertrauen und wie Sie kreativ sein und zuversichtlich werden können.
Sie finden viele Tipps, Ideen, Spiele, gemeinsame Entspannungsangebote und Wohlfühlmomente. Manche bringen ganz schnell wieder frische Energie, andere zaubern ganz viele glückliche Momente und wieder andere lassen ein besonderes Gemeinschaftsgefühl entstehen. Das Schöne daran: Sie können alle Angebote mit Ihren Kindern gemeinsam ausprobieren, mit den kleineren und den größeren.

45 runde, farbige Karten, Begleitbuch, 160 Seiten, in Box
ISBN 978-3-89845-363-9
€ [D] 25,00

Scott Alexander King

Krafttiere für Kinder

Ein Kind in unserer modernen Welt zu sein, ist manchmal schwierig, wenn man eine Entscheidung treffen muss, es einem nicht gut geht oder man traurig ist. Wie schön, wenn man dann einen Freund hat, mit dem man reden kann, der zuhört und hilft. Krafttiere sind diese liebevollen Freunde, die dich unterstützen, dir helfen und dich beraten. Schon die alten Kulturen wussten, dass wir mit den Tieren kommunizieren und von ihnen lernen können. Auch du kannst mit den Tieren sprechen, und dieses wunderschön illustrierte Kartenset hilft dir dabei, die Botschaften der Tiere zu verstehen. Wann immer du den Krafttieren deine Sorgen und Ängste mitteilst, werden sie dir Antwort auf deine Fragen geben, dir Kraft und Vertrauen spenden und dich auf deinem Weg durch das Leben begleiten.

144 Seiten, illustriert, 2-farbig, broschiert
ISBN 978-3-89845-391-2
€ [D] 14,95

Tina von der Brüggen

Tierkommunikation für Kinder

Wir verstehen uns tierisch gut

In Kindern schlummert die Fähigkeit, telepathisch mit Tieren zu kommunizieren, man muss sie nur wecken. Die erfahrene Tierkommunikatorin Tina von der Brüggen lädt Sie in diesem wunderschön illustrierten Buch ein, gemeinsam mit Ihrem Kind zu lernen, mit Tieren zu sprechen.
In dieser leicht verständlichen, spielerischen Einführung in die Kunst der Tierkommunikation lernt Ihr Kind, die Bedürfnisse der Tiere besser zu verstehen und dadurch Liebe und Respekt für sie zu entwickeln. Spannende Imaginationsreisen und praktische Übungen helfen Ihrem Kind, einfach kinderleicht mit Tieren zu kommunizieren.

160 Seiten, durchg. farbig, Flexocover
ISBN 978-3-89845-432-2
€ [D] 14,95

Bernadette Saphira Huber

Mein Engel beschützt mich

Fantasievolle Gebete für Kinder

Ein fantasievolles Gebetbuch für Kinder
Die kleine Luna erzählt, wie sie Hilfe bei ihrem Engel und Gott findet und warum es ihr viel Freude macht zu beten. Kinder erfahren in diesem wunderbaren Gebetbuch, wie viel sie mit einem offenen, vertrauenden Herzen bewirken können und wie beschützt sie von ihrem immer anwesenden Schutzengel sind.
Bernadette Saphira Huber hat einzigartig poetische Gebete für Kinder und wunderschöne Illustrationen entstehen lassen, mit denen jedem Kind Beten Spaß macht!

21 farbige, runde Engelkarten mit Buch, 202 Seiten, in Box
ISBN 978-3-89845-065-2
€ [D] 26,00

Ingrid Auer

Engelsymbole für Kinder

Liebevolle Begleitung im Alltag

Integrieren Sie die Engel in den Alltag Ihrer Familie!
Dieses Set aus 21 neuen Engelsymbolen, kindgerecht auf runde Karten gedruckt, und einem Buch hilft, die Sensitivität der Kinder zu fördern, und unterstützt sie in ihrer Entwicklung. Es hilft aber auch Erwachsenen, ihr Herz den Engeln zu öffnen. Finden Sie als Erwachsener zurück zu dem natürlichen Zugang zur Engelwelt, den Kinder noch haben.
Mit diesem Set unterstützen Sie die spirituelle Weiterentwicklung Ihrer Kinder, denn Kinder lieben Engel – und Engel lieben Kinder. »Engelsymbole für Kinder« ist gleich doppelt verwendbar: Als gemeinsames »Spiel« für Erwachsene und Kinder und als »spirituelles Aufklärungsbuch« für Erwachsene.

78 farbige Karten, 10 x 16 cm, mit Begleitbuch, 224 Seiten, gebunden, in Box
ISBN 978-3-89845-364-6
€ [D] 36,00

Isha & Mark Lerner

Tarot für das innere Kind

Eine Reise in die Welt der Märchen

Ein märchenhaftes Tarot, das das Kind in uns wiedererweckt: Es hilft uns auf sanfte Weise, mit den kraftvollen Archetypen der inneren Welt in einen Dialog zu treten.
Mit den Motiven bekannter Märchen öffnen diese Karten Herz und Verstand und lassen uns Neues über unser Selbst entdecken. Die farbenfrohen Bilder werden gemeinsam mit den Märchen zu einem faszinierenden Führer für die Reise nach innen und bilden eine Brücke zwischen dem Bilderreich der Kindheit und den Möglichkeiten der Welt der Erwachsenen.
Ein Abenteuer voller Zauber und Phantasie!

Seit über 15 Jahren bringen die "Elfenhelfer für Kinder" Kindern auf der ganzen Welt schwierige Themen nahe und helfen ihnen, sich in ihrem Leben besser zurechtzufinden.Zu vielen Themen, die Kinder bewegen und interessieren, gibt es im Silberschnur-Verlag Bücher von den "Elfenhelfern für Kinder":

Anderen mit Achtung begegnen
ISBN 978-3-85466-042-2

Den Stress loslassen
ISBN 978-3-89845-562-6

Du bist gut, so wie du bist
ISBN 978-3-89845-493-3

Du musst nicht sein wie alle anderen
ISBN 978-3-89845-496-4

Fit sein macht Spaß
ISBN 978-3-89845-535-0

Hab keine Angst vor deiner Angst
ISBN 978-3-89845-495-7

Heute mal ohne Computer, Handy & Co.
ISBN 978-3-89845-523-7

Leben in der Patchworkfamilie
ISBN 978-3-89845-522-0

So macht Schule Spaß!
ISBN 978-3-89845-475-9

So wirst du bald wieder gesund
ISBN 978-3-89845-588-6

Traurig sein ist okay!
ISBN 978-3-89845-575-6

Was geschieht, wenn jemand stirbt?
ISBN 978-3-89845-472-8

Wenn Mama und Papa sich trennen
ISBN 978-3-89845-587-9

Wütend sein ist okay!
ISBN 978-3-85466-041-5

jeweils durchgehend farbig, broschiert · € [D] 9,95

112 S. Buch, Ringheftung, 52 runde Karten in Box
ISBN 978-3-89845-118-5
€ [D] 29,00

Margot Pieters & Yvonne van Meteren

Knuddel-Set

Als Trost, zur Belohnung und zum Schenken – mit den 52 Knuddelkarten kann man sich und anderen eine Freude machen. Lustige Zeichnungen, das passende Motto oder eine Redewendung geben neue Anstöße und regen zu eigener Kreativität an. Die Karten können aber auch als Ausgangspunkt für Gespräche dienen und so in Kindergärten, Schulen, Kinderkrankenstationen oder auch zu Hause eingesetzt werden. Für Kinder ab 6 Jahren, aber auch für Jugendliche und Erwachsene.

120 Seiten, broschiert
ISBN 978-3-89845-202-1
€ [D] 16,90

Mariane Kohler

Glücksyoga

Bewegungsspaß mit Kindern

Der Ferne Osten ist bekannt für seine Techniken der Selbstbeherrschung, um Ausgeglichenheit und Weisheit zu erlangen, die gerade in unserer schnelllebigen Zeit unabdingbar geworden sind. Umso mehr sollten schon Kinder damit beginnen, danach zu suchen. Helfen Sie Ihrem Kind zu erwachen, ganz im Augenblick zu sein, in der Stille, in der Konzentration, auf seine Atmung zu achten, seinen Körper, seine Empfindungen kennen zu lernen ... Die Vorschläge in diesem Buch sind dabei einfach und für jeden umzusetzen, dabei immer in kindgerechter Sprache gehalten und zudem lebhaft illustriert. • *Für Kinder ab 4 Jahren.*

288 Seiten, broschiert
ISBN 978-3-89845-342-4
€ [D] 14,90

Ingeborg Bergner

Das Diamantkind

Jedes Kind ist eine große Seele

Dieses Buch ist eine Weghilfe, um das spirituelle Wesen der Kinder zu verstehen. Es nimmt Sie mit auf eine Reise in die inneren Welten und führt Sie zu Plätzen, die der Verstand nicht besuchen kann. Es ist ein Ort der Begegnung, wo der suchende Erwachsene auf kindliche Spiritualität trifft, die Sprache der Kinder verstehen lernt und ihr einzigartiges Wesen erkennt. Als schillerndes Diamantfeuer beleuchten die neuen Kinder unsere Schattenseiten und zeigen uns, was es bedeutet, die Verstandeswelt mit ihren materiellen Wünschen und ihren Illusionen zu verlassen, um frei zu werden durch inneres Erwachen – Diamantkinder sind im wahrsten Sinne des Wortes die Toröffner für ein neues Zeitalter.

232 Seiten, broschiert
ISBN 978-3-89845-430-8
€ [D] 16,00

Trutz Hardo

Ich hab schon mal gelebt

Kinder beweisen ihre Wiedergeburt

Kinder haben oft erstaunliche Erinnerungen an ihre früheren Leben. Das Band zu ihrem letzten Leben ist noch nicht vollständig zerschnitten und das Vergessen hat noch nicht eingesetzt. Und so berichten gerade kleine Kinder oftmals erstaunliche Details aus ihrem früheren Leben – Details, die sie gar nicht wissen könnten, hätten sie diese nicht selbst erlebt. Entdecken Sie in diesem Buch eine Fülle an Berichten, in denen Kinder uns an ihren Erinnerungen an frühere Leben teilhaben lassen. Die Geschichten der Kinder und deren Überprüfung durch bekannte Wissenschaftler beweisen, dass Kinder etwas wissen, das viele Erwachsene längst vergessen haben: Wir leben nicht nur einmal.